Johannes Twardella – Religiös-philosophische Profile

D1574366

Religionswissenschaftliche
Texte und Studien
Band 13

Johannes Twardella
Religiös-philosophische Profile

Georg Olms Verlag
Hildesheim · Zürich · New York
2006

Johannes Twardella

Religiös-philosophische Profile

Positionsbestimmungen jüdischer
und islamischer Intellektueller im
Säkularisierungsprozess

Georg Olms Verlag
Hildesheim · Zürich · New York
2006

Die Deutsche Nationalbibliothek verzeichnet diese Publikation in der Deutschen Nationalbibliografie; detaillierte bibliografische Daten sind im Internet über *http://dnb.ddb.de* abrufbar.

 ISO 9706
Gedruckt auf säurefreiem und alterungsbeständigem Papier
Umschlaggestaltung: Irina Rasimus, Köln, fortgeführt von Inga Günther, Hildesheim
Herstellung: Strauss Druck, 69509 Mörlenbach
Alle Rechte vorbehalten
Printed in Germany
© Georg Olms Verlag AG, Hildesheim 2006
www.olms.de
ISBN-10: 3-487-13294-X
ISBN-13: 978-3-487-13294-5
ISSN 0179-9215

Die hier versammelten Aufsätze sind im Laufe der letzten Jahre entstanden. Sie thematisieren auf je unterschiedliche Weise Positionsbestimmungen von Intellektuellen im Prozess der Säkularisierung. Ihr Entstehen verdankt sich in nicht unerheblichem Maße kontingenten Faktoren. Dennoch sind sie alle durch einen roten Faden miteinander verbunden, nämlich durch die Frage nach der Bedeutung religiöser Ideen: Welche Implikationen sind mit ihnen verbunden, welche Möglichkeiten eröffnen sich mit ihnen für die biographische oder auch für die gesellschaftliche Entwicklung und welche Schwierigkeiten und Probleme können auf der anderen Seite mit ihnen verbunden sein, resultieren eventuell aus ihnen? In aller Deutlichkeit möchte ich betonen, dass mit der vorliegenden Sammlung von Aufsätzen keineswegs der Anspruch verbunden ist, die genannten Frage systematisch zu behandeln. (Dies habe ich auch mit der Zusammenstellung der Aufsätze deutlich zu machen versucht - sie sind weitgehend in der Reihenfolge abgedruckt, in der sie ursprünglich in unterschiedlichen Zeitschriften erschienen sind.) Doch werfen sie ein Licht auf die beiden Religionen - das Judentum und den Islam - und können somit, so die Hoffnung des Verfassers, neue Anregungen für die gegenwärtige Debatte über die Religionen, vor allem für die Diskussion über den Islam geben.

Frankfurt am Main, 2006

Johannes Twardella

Inhalt

Anhang:
Franz Rosenzweig

Einleitung

Auch wenn man über die Eigenschaften des Säkularisierungsprozesses uneins sein kann - ob es sich beim ihm um einen linear verlaufenden Prozess handelt, ob er ein universaler oder ob er vielmehr "nur" mit der partikularen Geschichte des Westens verbunden ist, ob er an sein Ende gekommen ist oder in der Zukunft weiter voranschreiten wird -, unstrittig ist, dass er zumindest in der westlichen Welt stattgefunden hat. In der Soziologie wird er häufig als ein Prozess der Ausdifferenzierung beschrieben bzw. auf diesen Prozess zurückgeführt: Während in vormodernen Zeiten die verschiedenen gesellschaftlichen Teilbereiche noch miteinander verflochten waren und die Religion sie - mehr oder weniger gleichermaßen - durchdrang, kennzeichnet die Moderne, dass diese Bereiche sich voneinander getrennt haben, sie "ausdifferenziert" wurden und nun einer ihnen jeweils eigenen Logik folgen. Als exemplarisch für diesen Zusammenhang kann das Verhältnis zwischen Religion und Politik angesehen werden: Die Politik hat sich in der Moderne weitgehend von der religiösen Geltungsquelle losgelöst und die politischen Entscheidungen erhalten ihre Legitimation durch spezifische Verfahrensprozesse. Die Religion wird komplementär dazu in die Privatsphäre abgedrängt.[1]

Mit dem Prozess der Säkularisierung schwindet auch die Selbstverständlichkeit Christ, Jude oder Muslim zu sein und es stellt sich ein Problem, das typisch für die Moderne ist, das Problem der Identität. Die drei Fragen, auf die eine jede Religion Antworten gibt, weil sie jeder Religion strukturell zugrunde liegen: Woher kommen wir? Wer sind wir? und Wohin gehen wir?[2] müssen jetzt neu beantwortet wer-

---

1 Partiell ist es ihr inzwischen gelungen, sich zu reorganisieren und neuen Einfluss auf die Gesellschaft zu nehmen. Siehe hierzu: Rémond, Réné, *Religion und Gesellschaft in Europa. Von 1789 bis zur Gegenwart*, München 2000.

2 Ich stütze mich hier auf das Strukturmodell von Religiosität, das der Soziologe Ulrich Oevermann entwickelt hat. Siehe: Oevermann, Ulrich., *Ein Modell der Struktur von Religiosität. Zugleich ein Strukturmodell von Lebenspraxis und von sozialer Zeit*, in: M. Wohlrab-Sahr (Hg.), *Biographie und Religion. Zwischen Ritual und Selbstsuche*, Frankfurt/M New York 1995, S. 27-102.

den. Es entstehen vielfältige Identitätsdiskurse, in denen diese Fragen entweder im Rekurs auf die Religion oder auch unabhängig von ihr beantwortet werden. Einige Beispiele dafür sollen im Folgenden vorgestellt werden.

Für die Intellektuellen, auf die in dem vorliegenden Band eingegangen wird, gilt generell, dass sie in den Sog des allgemeinen Säkularisierungsprozesses geraten sind und dass sie - in besonders elaborierter und differenzierter Weise - über die Religion, vor deren geistigem Hintergrund sie stehen, reflektieren um die Frage nach der Identität zu beantworten. Bei dem jüdischen Religionshistoriker Gershom Scholem lässt sich dies zum einen auf der biographischen Ebene verfolgen und zwar mit Hilfe seiner Tagebücher, die er in der Zeit zwischen 1913 und 1917 geschrieben hat. An ihnen wird deutlich, wie das Bekenntnis zum Judentum Element eines Individuierungsprozesses werden kann. Interessant ist, wie Scholem gezielt jene Elemente des Judentums aufgreift, die diesem Individuierungsprozess förderlich sind. So bildet sich eine Identität, die durch den spannungsreichen Widerspruch von Religiosität und Modernität gekennzeichnet ist.

Mit seinem wissenschaftlichen Werk, in dessen Zentrum die Erforschung der jüdischen Mystik steht, scheint Scholem auf einer anderen Ebene danach bestrebt gewesen zu sein, das Judentum mit der Moderne zu verbinden. Zumindest lässt sich sagen, dass es seine Absicht war zu zeigen, wie der Prozess der Säkularisierung, der auch das Judentum ergriffen hatte, nicht nur von außen auf dieses einwirkte, sondern sich auch endogen im Judentum vollzog.

Wie das Judentum und das Christentum, doch unter ganz anderen Bedingungen ist auch der Islam in der Moderne in eine Krise geraten. Zu deren Überwindung möchte der aus Ägypten stammenden Koranwissenschaftler Nasr Hamid Abu Zaid mit dem Versuch beitragen, den Islam so zu reformieren, dass er auch unter den gewandelten Bedingungen, den Bedingungen moderner Gesellschaften praktiziert werden kann. Dem stehen aus seiner Sicht verschiedene Hindernisse im Wege, unter anderem der "islamische Diskurs" sowie das Tabu einer wissenschaftlichen Analyse des Koran. Gegen ersteren wendet er sich mit einer differenzierten Analyse der Mechanismen eben dieses Diskurses, also indem er aufzeigt, wie dieser funktioniert und wie er einem reformorientierten Denken im Wege steht. Letzteres, das Tabu einer wissenschaftlichen Analyse des Koran, versucht er auf dem Weg über eine Analyse des Offenbarungsprozesses im Koran zu brechen. Diese soll die Legitimationsgrundlage für eine hermeneutische Interpretation des Koran bieten.

Im Kontext des Säkularisierungsprozesses stellt sich mit Bezug auf das Judentums unter anderem auch die Frage, was mit der Idee der Auserwähltheit geschieht. Anhand der "Erinnerungen" des Religionsphilosophen Hans Jonas lässt sich durch eine Rekonstruktion der verschiedenen Transformationsschritte seines individuellen Bewährungsmodells zeigen, wie an die Stelle der Auserwähltheit des Volkes schließlich die Verantwortlichkeit des Subjekts gerät. In der säkularen "Ethik der Verantwortung", die Jonas schließlich formuliert, ist die Idee der Auserwähltheit "aufgehoben".

Der islamische Intellektuelle Tariq Ramadan versteht den Prozess der Säkularisierung als einen "Sonderweg" des Westens. In der Gegenüberstellung des Verhältnisses zwischen Gott und dem Menschen in der jüdisch-christlichen Religionstradition auf der einen und im Islam auf der anderen Seite versucht er zu zeigen, warum dieser Prozess in ersterer zwingend war - in letzterem jedoch keine Notwendigkeit für ihn bestand. Da die Kultur des Westens aber die Welt in eine globale Krise geführt hat, sei es an der Zeit, sie durch die Kultur des Islam zu ersetzen. Ramadan ruft zu einem innerlichen Bruch mit dem Westen auf, mit dem jedoch in der Praxis pragmatisch umgegangen werden soll und dessen Errungenschaften auch in einer islamisch erneuerten Moderne zu nutzen seien.

Die Überlegungen des Religionsphilosophen Franz Rosenzweig, mit denen der Band abgeschlossen wird, regen dazu an, systematisch über die Ursachen für die unterschiedlichen Reaktionen auf den Prozess der Säkularisierung nachzudenken - und zwar auf der Ebene der Religionen als dogmatische Systeme. In Auseinandersetzung mit der Hegelschen Religionsphilosophie gelangt Rosenzweig zu dem Schluss, der Islam habe Begriffe, die im Judentum sowie im Christentum in einem dialektischen Zusammenhang standen, aus diesem herausgelöst, habe sie isoliert sowie verdinglicht. Dies kann als Ansatz für eine Erklärung der unterschiedlichen Rationalisierungspotentiale der verschiedenen monotheistischen Religionen verstanden werden, der zu vertiefen und zu erweitern wäre.

Gershom Scholem: Prophet und Wissenschaftler*

I.

Der Begriff der "jüdischen Identität" scheint sich heute kaum noch definieren zu lassen: Ein breites Spektrum jüdischer Identitäten ist zu beobachten, das von extrem religiösen Formen auf der einen Seite bis hin zu völlig säkularisierten auf der anderen Seite reicht. Das einzig Gemeinsame dieser verschiedenen Formen jüdischer Identität scheint der Bezug auf die Shoah zu sein. Sie ist der Grund dafür, dass alle, die zu Opfern der nationalsozialistischen Verbrechen hätten werden können, sich mit dem Judentum identifizieren - auch wenn sie völlig säkularisiert sind.[1] Es stellt sich aber die Frage, wie es möglich sein kann, sich als Jude zu definieren und gleichzeitig vollkommen säkularisiert zu sein. Wie kann eine solche widersprüchliche Identität gefüllt, wie kann sie gelebt werden? Wie ist es möglich, trotz der Säkularisiertheit ein positives Verhältnis zur jüdischen Religion zu haben?

Auf diese komplizierte Frage eine äußerst eigenwillige Antwort gegeben zu haben, macht die Aktualität von Gershom Scholem aus. In seinem Leben ist der Widerspruch, der gegenwärtig für bestimmte Formen jüdischer Identität charakteristisch ist, vereinigt, der Widerspruch von Religiosität und Modernität: Auf der einen Seite identifiziert Scholem sich so stark mit dem Judentum, dass er wie ein religiöser Fanatiker wirkt, auf der anderen Seite ist er radikal modern. Zeugnis für seine Modernität legen insbesondere seine wissenschaftlichen Arbeiten ab, die so innovativ waren, dass sie zu Grundlagentexten der

---

* Der Text ist die Kurzfassung einer mit der Methode der Sequenzanalyse durchgeführten Interpretation der Tagebücher Scholems. Ich danke Herrn Professor Oevermann, auf dessen Theorie ich mich hier stütze und in dessen Kolloquium diese Interpretation eingehend diskutiert wurde.

1 Michael A. Meyer sieht dies ähnlich. Siehe: Meyer, Michael, *Jüdische Identität in der Moderne*, Frankfurt/M. 1992.

neueren Judaistik wurden. Das Bild von Scholem wurde bisher weitgehend durch diese Schriften bestimmt. Inzwischen sind aber auch die
Tagebücher Scholems veröffentlicht worden und diese werfen ein
völlig neues Licht auf seine Person: Sie lassen erkennen, dass der
Wissenschaftler aus dem näheren Umkreis der Frankfurter Schule auf
extreme Weise religiös und ein erbitterter Feind der Aufklärung war.
Im Folgenden soll nun nicht die eine Seite des Widerspruchs gegen
die andere ausgespielt werden, vielmehr soll anhand der Tagebücher
gezeigt werden, wie der Widerspruch möglich wird und wie er sich
ausformt.[2]

II.

Schon in dem ersten Satz der Tagebücher ist der Widerspruch von
Religiosität und Modernität enthalten. Er lautet: "Ich stamme von
Glogauer Juden ab." (9) Mit diesem Satz bringt Scholem auf der einen
Seite seine Identifikation mit dem Judentum zum Ausdruck. Dies geschieht dergestalt, dass er sich auf jüdische Vorfahren zurückbezieht.
Auf der anderen Seite stellt diese Identifikation eine bewusste Entscheidung dar, denn die Tradition, in die Scholem sich stellt, ist längst
gebrochen, das (west- und mitteleuropäische) Judentum von dem Prozess der Säkularisation erfasst. Wenn Scholem sich zum Judentum
bekennt, so geschieht dies also nicht aus Traditionalismus, vielmehr
ist dieses Bekenntnis als entscheidender Schritt in seinem Individuierungsprozess zu sehen.
Das Judentum aber, das wird im Folgenden deutlich, eignet sich in
besonderer Weise für den Prozess der Individuierung. Freilich können
auch andere Religionen oder Weltanschauungen diesem Zweck dienen. Mit ihrer Hilfe kann sich eine Person als einzigartig darstellen
und begreifen - insbesondere dann, wenn in der Gesellschaft, in der
diese Person lebt, eine andere Religion dominiert oder die Gesellschaft säkular geworden ist. Der Individuierung förderlich sind sie,
weil sie ein Anderssein ermöglichen. Das Judentum vermag aber auch

---

2 Scholem, Gershom, *Tagebücher nebst Aufsätzen und Entwürfen bis 1923. 1. Halbband 1913-1917*, Frankfurt/M. 1995. Diese Tagebücher hat Scholem im Alter von 16
bis 20 Jahren geschrieben.

aus sich heraus den Individuierungsprozess zu fördern, da in ihm von Anfang an der Widerspruch von Archaik und Moderne enthalten ist. Nicht ohne Grund hat Max Weber die Wurzeln der Moderne im Judentum verortet.[3] Es wird sich nun zeigen, dass Scholem gerade diejenigen Elemente aus dem Judentum aufgreift und für seinen Individuierungsprozess sich zunutze macht, die aus religionssoziologischer Perspektive gesehen entscheidend für den okzidentalen Säkularisierungsprozess geworden sind.

III.

Das Judentum hat Scholem ins Zentrum seiner Existenz gestellt, es wird fortan sein ganzes Denken und Handeln bestimmen. Seine Identifikation mit dem Judentum als Flucht aus der Moderne, als Rückkehr in die Geborgenheit einer Tradition zu deuten, würde jedoch fehlgehen, denn sie geschieht bewusst vor dem Hintergrund des Säkularisierungsprozesses und ist vielmehr als Realisierung der durch ihn gesteigert geforderten Autonomie des Subjekts zu verstehen. Dies wird daran deutlich, dass Scholem den Einwand, der vom Standpunkt der Säkularisiertheit formuliert werden könnte, seine jüdische Perspektive sei einseitig, aufgreift und darauf antwortet: "Ich bin aber nun einmal so." (19) Weder weist er den Vorwurf der Einseitigkeit zurück, noch behauptet er, durch irgendetwas zu dieser Einseitigkeit gezwungen oder zumindest veranlasst worden zu sein. Nein, er steht mit seiner Person allein für seine Entscheidung ein und macht keine Abstriche von ihr. Gerade dadurch aber wird er unangreifbar, denn das Recht, eine einzigartige Persönlichkeit auszubilden kann ihm niemand verwehren, ja, dazu ist er unter den Bedingungen der Moderne gesteigert aufgefordert.

Aus der Identifikation mit dem Judentum ergibt sich nun für Scholem, da er es nicht als Traditionalist, sondern autonom leben will, eine enorme Aufgabe: Er muss sich die jüdische Religion eigenständig aneignen. Von den ersten Schritten, die Scholem in diese Richtung geht, legen die Tagebücher bered Zeugnis ab: Er besucht eifrig die Religi-

---

3 Siehe: Weber, Max, *Das antike Judentum*, in: Ders., *Gesammelte Aufsätze zur Religionssoziologie III*, Tübingen 1988.

onsschule, erlernt die hebräische Sprache, liest die heiligen Texte des Judentums, fertigt teilweise auch eigene Übersetzungen von ihnen an und beginnt schon früh mit der eigenständigen Kritik geläufiger Interpretationen, arbeitet also an einer eigenen Deutung der Tradition. Doch wäre es falsch, wenn allein diese intellektuelle Seite der Auseinandersetzung mit dem Judentum gesehen würde. Scholems Interesse für das Judentum ist kein rein akademisches, er will das Judentum nicht nur studieren, sondern auch praktizieren. Dies zeigt sich daran, dass er sich an den Aktivitäten verschiedener jüdischer Gruppen beteiligt, dass er häufig die Synagoge besucht und Mitglied jüdischer Jugendgruppen ist. (Dass er in der orthodoxen Agudas Jisroel aneckt und sie schließlich verlässt, ist ein weiteres Indiz für die Eigenständigkeit und Unkonventionalität, mit der Scholem sein Judentum realisiert.)

IV.

In einem längeren "Reisebericht" beschreibt Scholem eine Wanderung durchs Gebirge, bei der er in ein Gewitter gerät und angesichts der Übermacht der Natur die Erfahrung des Erhabenen macht. Sie wird ihm zu einem Evidenzerlebnis für seinen Glauben. Wenn er mit Bezug auf das Gewitter schreibt, "in der Gefahr allein wird Gott gefunden" (33), so will er damit sagen, dass die Krise dasjenige ist, aus dem ihm die Gewissheit seines Glaubens erwächst. Nicht aus der Sicherheit einer Tradition oder dem Konsens einer Gemeinschaft gewinnt er sie, sondern aus einer Situation, in der er völlig auf sich allein gestellt ist. In diesem Augenblick - als isoliertes Subjekt das Erhabene gegenwärtigend - vollzieht sich der Prozess der Selbstcharismatisierung. Scholem gewinnt jenes Charisma, das ihn zum Propheten werden lässt. Für diese Deutung seines Evidenzerlebnisses spricht unter anderem, dass Scholem es offensichtlich in Analogie zu dem zentralen Offenbarungsereignis des Judentums beschreibt: Wie Moses die Offenbarung auf dem Berg Sinai von Gott empfing, so gewinnt Scholem seine Glaubensgewissheit in den Bergen. (Und Jhwh ist hier wie dort ein Gott der Naturkatastrophen, der auf einem Berg wohnt.)[4] Das Evi-

---

4 Ein Philologe würde bei der Analyse dieser Passage freilich noch etliche andere Bezüge herstellen können. Diese können hier allerdings vernachlässigt werden, da sie

denzerlebnis Scholems hat nun zur Folge, dass er unmittelbar nach dem Abklingen des Gewitters den Gegensatz zwischen dem eigenen Glauben und dem "normalen" Glauben sieht und auszuloten versucht. Er stellt den eigenen Gott, den Gott, der "auf den Bergen wohnt", dem Gott derer, die "da unten" im Tal leben, gegenüber. Ihrem Glauben fehle "die Magie der Richtung", d.h. er ist nicht auf eine Zukunft bezogen, die in den Bann schlägt. Eine Richtung aber weist der Prophet und sie wirkt "magisch" auf seine Gefolgschaft, insofern der Prophet nicht rational argumentiert, sondern charismatisch für seinen Zukunftsentwurf wirbt.

Der Mangel an Richtung geht bei der Masse der Gläubigen damit einher, dass sie Gott "die Welt auf die Schultern" laden. Für sie übernimmt die Religion eine Entlastungsfunktion. Für Scholem aber ist der Glaube das Gegenteil: Er kommt einer Aufforderung zur Autonomie gleich, Scholems Gott ist "der Gott des Erlebens", "der Gott des Mythos", "jener Gott, mit dem man ringt, bis er einen segnet". In diesem indirekten Bezug auf die Geschichte von Jakobs Kampf mit dem Engel liegt eine weitere Bestätigung dessen, was soeben gesagt wurde, denn mit Gott zu kämpfen heißt eben nicht, seine Lasten auf ihn abzuladen und sich ihm in Demut zu ergeben, sondern sich auf eine Ebene mit ihm zu stellen und die eigene Autonomie nicht aufzugeben.[5] Schließlich fügt Scholem hinzu, Gott sei der, "den man erlöst, indem man ihn lebt." Das Verhältnis von Erlöser und Erlöstem wird genau umgedreht: Der Mensch soll Gott erlösen und nicht Gott den Menschen. Daran zu glauben, dass Gott die Welt bereits erlöst hat - wie die Christen - oder darauf zu hoffen, dass der Messias noch kommen wird - wie viele Juden -, bedeutet gleichermaßen, die Erlösung passiv in Empfang zu nehmen. Scholem aber will genau das Gegenteil: Gott soll erlöst werden und zwar dergestalt, dass er gelebt wird, d.h. indem der Mensch Gottes Werk verwirklicht. Ist dann nicht - im Endeffekt - Gott überflüssig? Diesen Schluss zieht Scholem nicht - und hält damit den Widerspruch von Autonomie und Religiosität aufrecht.

über die zugrundeliegende Struktur nichts weiter aufschließen.

5 Siehe hierzu auch: Oevermann, Ulrich, *Eugène Delacroix - biographische Konstellation und künstlerisches Handeln*, in: *Georg-Büchner-Jahrbuch* Bd. 6, 1986/87, Tübingen 1990.

Scholem kann nun aber nicht dabei stehen bleiben, sich seiner neu gewonnenen Glaubensgewissheit zu freuen, vielmehr erwächst ihm aus ihr eine Verpflichtung für die Massen im Tal, genauer: für die Juden, die der Katastrophe entgegengehen:

> "Könntest du fahren mit zufriedenem Herzen, vergessen Elend, Unglück und dein eigenes Volk, das in den engsten Gassen Europas und Amerikas dem Untergang entgegenwankt. Das sei ferne." (36)

Wie der Prophet sieht Scholem die Katastrophe herannahen - dass sie so ungeheuerliche Ausmaße annehmen würde, dass sie schließlich als Massenvernichtung der europäischen Juden in deutschen Konzentrationslagern kommen würde, hat Scholem freilich nicht vorausgesehen. Doch ihm war der Antisemitismus seiner Zeit sehr bewusst und ließ ihn nichts Gutes ahnen. Die Juden vor der Katastrophe zu bewahren, ja, sie zu erlösen, sieht er nun als seine Aufgabe an. Doch nicht alleine will er dieses Werk vollbringen, vielmehr soll dies die gesamte junge Generation tun - als eine Avantgarde im Erlösungsprozess -, an deren Spitze er sich stellt. Wenn die Jugend in die Berge gehe und dort wie er, Scholem, Gott suche, so werde Gott zu den Menschen ins Tal herabkommen und sie führen. Wieder drängt sich eine Parallele zu biblischen Motiven auf: Gott wird die Juden befreien, so wie er einst das Volk Israel aus der Gefangenschaft in Ägypten befreite und ihm den Weg in das gelobte Land, in das Land Kanaan, wies. Doch wohin wird Gott die Juden heute führen? Der Weg, den Gott die Juden weisen wird, werde der Weg "ins Land der Väter" (37), d.h. nach Palästina sein. Wenn Scholem erklärt, der verstorbene Theodor Herzl solle im Sarg nach Palästina gebracht werden, so wird daran deutlich, wie konsequent er die Juden als eine Gemeinschaft betrachtet, eine Gemeinschaft, die mit dem Land verbunden ist. Herzls Sarg auf dem Döblinger Friedhof zu belassen, würde bedeuten, ihn aus dieser Gemeinschaft auszugrenzen. - Die Erlösungsvorstellungen Scholems verbinden sich mit den Ideen des Zionismus[6], beide Stränge werden von ihm zu einem einzigen Erlösungsmythos zusammengeschmolzen.

---

6 Zur Geschichte des Zionismus und der Vielfalt von Auslegungen der zionistischen Idee siehe: Avineri, Shlomo, *Profile des Zionismus. Die geistigen Ursprünge des Staates Israel. 17 Portraits*, Gütersloh 1998.

V.

Die folgende Entwicklung ist ungeheuerlich, aber konsequent: Scholem geht dazu über, als Prophet zu agieren. Wie die Prophetie in der Bibel so ist auch diejenige Scholems gerahmt. Vorangestellt sind zuerst die Worte "An mein Volk" (61), die klarstellen, an wen das Folgende gerichtet ist: Der Adressat ist das Volk der Juden. Von diesen als "mein Volk" zu sprechen bedeutet letztlich, dass Gott der Sprecher ist - die Juden sind von ihm auserwählt, sind "sein Volk", nur er kann sie so ansprechen. Wie in der Bibel so stellt sich auch hier die Frage, wie Gott sich den Menschen mitteilen, d.h. sich offenbaren kann, ohne seine Allmacht einzubüßen. Die einzige Möglichkeit besteht darin, dass er sich im Medium der Sprache kundtut und seine Worte von einem Menschen stellvertretend geäußert werden. Von einem solchen Stellvertreter ist die Rede, wenn es weiter heißt: "Es ist die Stimme eines Rufers". Nicht Gott spricht, sondern ein "Rufer". Er tritt zwischen Gott (Sprecher) und das Volk (Adressat) als ein Mittler. Die Person des Rufers ist völlig in den Hintergrund getreten, nur ihre Stimme ist vernehmbar. Der Rufer tritt nur soweit in Erscheinung, wie es die Funktion, das göttliche Wort phonetisch zu realisieren, verlangt. Dies entspricht exakt der Struktur der prophetischen Rede in der Bibel. Doch auch auf der inhaltlichen Ebene lassen sich Übereinstimmungen feststellen, denn auch die biblischen Propheten sprechen Drohungen aus und warnen. Freilich richtet sich Scholem nicht an dieselben Adressaten wie die biblischen Propheten, seine Drohung lautet:

> "Wehe denen, die da Kultur an sich gesogen haben und Bildung in ihrem nagenden Herzen, die ihrem Volke Bildung brachten und ihren Brüdern Verderben und Tod. (...) ihre Hände sollen verdorren."

Scholem meint nicht Kultur und Bildung im Allgemeinen, sondern die Kultur der Aufklärung. Seine Drohung richtet sich gegen all diejenigen Juden, die die Aufklärung rezipierten, sie ins Judentum hineintrugen und es auf diese Weise reformierten. Das Reformjudentum erscheint gewissermaßen als eine Spielart des Abfalls von Gott, der "Hurerei", wie sie von den biblischen Propheten angeprangert wurde. Warum er den Gebildeten vorwirft, "Verderben und Tod" gebracht zu haben, wird im Folgenden deutlich:

> "Denn sie raubten meinem Volke die Schöpferkraft, und
> selige Gottesgewissheit nahmen sie ihm fort."

Durch die Aufklärung ist den Juden ihr sicherer Glaube sowie die Fähigkeit zum Handeln genommen worden. Dass Scholem diese zwei Aspekte in einem Atemzug nennt, belegt aufs Neue, dass er ein umfassendes Verständnis von Religion hat: Sie ist zwar in erster Linie ein geistiges Phänomen, als solches jedoch konstitutiv für die Praxis. Indem die Aufklärung den Glauben an Gott angriff, rief sie eine Handlungskrise hervor. Unfähig zu handeln, gehen die Juden auf "Verderben und Tod" zu. Damit kann entweder das Verschwinden der Juden in der Umwelt über den Weg der Assimilation gemeint sein. Wahrscheinlicher jedoch ist, dass Scholem sich erneut auf jene Katastrophe bezieht, die er auf die Juden zukommen sieht.

Der Angriff auf die Aufklärung gipfelt in der Kampfansage: "Kein Friede mit den Gebildeten - spricht mein Gott." Die letzten Worte machen noch einmal unmissverständlich klar, dass Scholem hier als Prophet spricht. Sie entsprechen genau der von biblischen Propheten so häufig gebrauchten so genannten "Botenformel", die lautet: "So spricht der Herr".

Auf die Drohung folgt schließlich, dass ein Ausweg aus der Krise gewiesen wird:

> "Ihr sollt fortgehen, die ihr Europa satt bekommen habt,
> spricht der Herr."

Die Juden werden aufgefordert, ihre Lähmung zu überwinden und wieder aktiv zu werden. Sie sollen Europa, wo die Katastrophe immer näher rückt, verlassen. Um keinen Zweifel daran aufkommen zu lassen, dass dies Gottes Wille ist, wird die Botenformel ein weiteres Mal zitiert.

Scholem hat das Wort ergriffen im Dienste seines zionistischen Erlösungsmythos. Er hat jedoch die prophetische Rede nur imaginiert, sie nur ausprobiert, denn zur richtigen prophetischen Rede gehört freilich, dass sie mündlich vorgetragen wird. (Erst nachdem dies geschehen ist, wird sie eventuell auch schriftlich fixiert.) Bei Scholem aber bleibt die Prophetie ein im Rahmen der Tagebücher durchgeführtes Gedankenexperiment.[7]

---

7 Scholem belässt es bei einer "privaten" Realisierung des Modells prophetischen

Wiederholt sei noch einmal, dass Scholems Religiosität ganz und gar nicht im Gegensatz zu Autonomie und Individuiertheit steht. Im Gegenteil: Gerade in der Aneignung des Judentums realisiert Scholem seine Autonomie. Diese Aneignung ist freilich selektiv, sie greift aber gezielt dasjenige aus dem Judentum auf, was eine Individuierung erlaubt, ja, ihr förderlich ist: die Prophetie. Denn der Prophet stellt zwar auf der einen Seite seine Person völlig zurück, ist aber auf der anderen Seite eine herausgehobene Figur und indem er charismatisch einen Ausweg aus der Krise weist, realisiert er ein Höchstmaß von Autonomie.

VI.

Die Widersprüchlichkeit, in der Scholem lebt, wird auch daran deutlich, dass er auf der einen Seite sich immer mehr "in die Arme des Nihilismus" (94) gleiten sieht, weswegen er Skrupel bekommt, weiterhin die Religionsschule zu besuchen, auf der anderen Seite sich aber als Messias träumt:

> "Wer von uns jungen Juden hat wohl nicht den gleichen Königstraum gehabt und sich als Jesus gesehen und Messias der Bedrückten." (116)

Dieser Traum scheint ihm peinlich zu sein - deswegen entschuldigt er ihn mit der Vermutung, wohl alle jungen Juden würden ihn träumen. Ausgehend von der bisherigen Entwicklung Scholems stellt er nur einen kleinen Schritt dar, denn ihm schwebt die Erlösung vor Augen und er lehnt es ab, sie von Gott schlicht zu empfangen. Sein Glaube verlangt, dass das Erlösungswerk von menschlicher Seite vollbracht wird. Warum sollte er dann nicht selbst der Erlöser sein?

Für die Figur des Messias gilt freilich noch mehr als für die des Propheten, dass sie herausgehoben ist - es kann nur einen Messias geben (aber mehrere Propheten). Scholem bekennt selbst, dass sich in diese Figur hineinzudenken, diese extreme Form von Selbstcharismatisierung ans Größenwahnsinnige grenzt.

Handelns, weil er sich natürlich dessen bewusst ist, dass die Prophetie in dem Sinne ein historisches Modell ist, als die Zeit längst vorbei ist, in der mit ihr eventuell Gefolgschaft gewonnen werden konnte.

VII

Die Scholemsche Religiosität lässt sich kaum noch mit dem Judentum seiner Zeit in seiner Umgebung in Einklang bringen, von dem er sich folglich zunehmend entfremdet. Seine Zugehörigkeit zur Gemeinschaft der Juden wird für ihn immer mehr prekär. Und da er freilich auch die Rollen, in die er sich hineingedacht hat, nicht realisieren kann und die Charismatisierung nicht von außen, d.h. durch eine Gefolgschaftsbildung bestätigt wird, bricht sie in sich zusammen und es folgt auf sie die Ernüchterung: Der Glaube, der Messias zu sein, ist ihm entschwunden (158), ja, er sieht sich dem Selbstmord nahe. Doch nach dem tiefen Sturz baut er sich allmählich wieder auf.

Scholem setzt sein Judentum mehr und mehr mit dem Zionismus gleich. (412) Dieser wird nun nicht mehr prophetisch verkündet, sondern als eine "Ideologie" (199) konzipiert. (Für die Propagierung dieser Ideologie bedient sich Scholem der Jugendzeitschrift "Blau-Weiße-Brille".) Die zionistische Ideologie bleibt jedoch ihrem Wesen nach prophetisch, was Scholem in der Reflexion über sie deutlich herausstellt. Wenn er erklärt, der Zionismus beruhe auf einer Entscheidung, die nicht mit rationalen Argumenten herbeigeführt werden könne, für die sich aber dennoch, wenn sie einmal getroffen wurde, Gründe anführen lassen (299), so entspricht dies genau dem vom Propheten gewiesenen Ausweg aus der Krise. Auch er ist letztlich nicht rational begründbar, Gefolgschaft für ihn gewinnt der Prophet deswegen allein mit Hilfe seines Charismas. Im Nachhinein kann sich jedoch zeigen, dass sein Vorschlag durchaus rational war, weil der von ihm gewiesene Weg sich praktisch bewährt hat. (Was sich am Propheten zeigt, gilt letztlich für jede praktische Überzeugung, aus der heraus eine Entscheidung getroffen wird.) Scholem ist sich des prophetischen Wesens seines Zionismus durchaus bewusst, spricht von Zion als einer "prophetischen Kategorie" (407). Welche Gründe sind es, die Scholem zufolge für den Zionismus sprechen und zu einer zionistischen Ideologie geformt werden sollen? Sie ergeben sich:

> "Aus der Stellung zur Last der Geschichte, die nicht abgewiesen werden soll. Aus sozialem Empfinden der Menschheit gegenüber. Aus Verzweiflung an Europa und geistiger Not." (199)

Drei Begründungszusammenhänge werden hintereinander aufgezählt. Der letzte ist bereits bekannt: Die Situation der Juden in Europa, welche sich der Katastrophe nähert und der Verlust an geistiger Orientierung, an "Richtung", der durch die Aufklärung verursacht wurde. Der zweite Grund überrascht. Scholem verknüpft mit dem Zionismus die Idee sozialer Gerechtigkeit. Angeregt von sozialistischem und anarchistischem Gedankengut (s. 71) verspricht er sich von der Realisierung des Zionismus die Beseitigung allen sozialen Leids.[8] Verwunderlich ist, dass dies nicht allein in nationalem Rahmen geschehen soll, sondern für die gesamte Menschheit. Der partikulare Zukunftsentwurf des Zionismus weitet sich zu einer universellen Utopie. Zion steht für Scholem "am Anfange der Menschheit" (225). Dieser Universalismus erklärt sich sowohl aus der Rezeption sozialistischer Ideen, rührt aber auch von der messianischen Tradition des Judentums her. In ihr sind Partikularismus und Universalismus dergestalt miteinander verkoppelt, dass das jüdische Volk als partikulares, als auserwähltes, die Erlösung für die Menschheit bringen soll. Diese Verkoppelung wird auch bei dem ersten Begründungszusammenhang vorausgesetzt. Denn die Juden tragen nicht nur die Last ihrer eigenen Geschichte, sondern die der Geschichte überhaupt. "Das Judentum ist die Historie selbst" (411), heißt es an anderer Stelle. Hinter dieser Auffassung von der Singularität der Geschichte steht der Gedanke der Auserwähltheit: Gott hat das Volk Israel aus allen Völkern auserwählt, hat es zu seinem Volk gemacht. Die Geschichte der Interaktion zwischen Gott und dem Volk Israel ist deswegen die Geschichte. Scholem zieht daraus den Schluss, dass deshalb das Judentum "die absolute Wahrheit" ist, Bibel und Thora göttlich sind und "deshalb darf man aus der Bibel etwas beweisen" - will sagen, aus der Bibel bzw. aus der jüdischen Geschichte lässt sich die zionistische Ideologie begründen.

VIII.

Wie lässt sich das Bild von Scholem, das sich aus der Lektüre seiner Tagebücher ergibt, mit dem Bild von Scholem als Religionshistoriker

---

8 Ähnliche Gedanken finden sich auch bei anderen Zionisten. Siehe wieder: Avineri, *Profile des Zionismus* (wie Anm. 7).

vereinbaren? Wie kommt es, dass jemand, der in seiner Jugend fanatisch religiös war, sich mit der Zeit zu einem modernen Wissenschaftler entwickelt? Liegt zwischen beiden Entwicklungsstufen ein Bruch oder gibt es Verbindungslinien zwischen dem einen und dem anderen? Die Analyse hat gezeigt, dass Scholems Religiosität, wie sie in den Tagebüchern zum Ausdruck kommt, in sich widersprüchlich ist, insofern sie Scholem erlaubt, sowohl extrem religiös als auch radikal modern zu sein. Sein Individuierungsprozess und der Prozess der Ausbildung einer jüdischen Identität laufen in eins. Diese Struktur kann als archaische Individuiertheit bezeichnet werden und liegt m.E. seiner gesamten Person zugrunde, zieht sich durch seine Biographie von der Jugend bis ins Alter.[9] Und auch seine Tätigkeit als Wissenschaftler ist durch sie bestimmt. Beide Momente, die Identifikation mit dem Judentum wie auch die Modernität, sind in ihr enthalten.

Die Identifikation mit dem Judentum bestimmt bekanntlich die Wahl des Gegenstandes der wissenschaftlichen Forschung: Scholem befasst sich mit der Geschichte des Judentums, die ja für ihn die Geschichte darstellt. Da seine Identifikation jedoch nicht traditionalistisch ist, sondern in eins fällt mit dem Prozess der Individuierung, spezialisiert er sich innerhalb des Gebietes der jüdischen Geschichte auf die jüdische Mystik.[10] Ihr ist ebenfalls der Widerspruch von gesteigerter Religiosität auf der einen und Autonomiestreben auf der anderen Seite eigen. Denn im Rahmen der Mystik artikulierten sich die Erlösungshoffnungen der Juden, durch sie erhielten die Juden eine "Richtung". Diese Erlösungshoffnungen konzentrierten sich schließlich auf den jüdischen Messias Sabbatai Zwi. Die auf ihn folgende sabbatianische Bewegung spaltete sich nach dessen Tode: Der eine Teil hielt an den traditionellen religiösen Gesetzen fest, der andere Teil aber nahm die Erlösung selbst in die Hand und ging dazu über, wie es Sabbatai Zwi vorgemacht hatte, systematisch gegen die traditionellen Gesetze zu

---

9 Auch seine im Alter geschriebene kleine autobiographische Schrift gibt Aufschluss über diese Struktur. Siehe: Scholem, Gershom, *Von Berlin nach Jerusalem. Jugenderinnerungen*, Frankfurt/M. 1997.

10 Auf eines der wichtigsten Werke Scholems über die jüdische Mystik sei hier verwiesen: Scholem, Gershom, *Die jüdische Mystik in ihren Hauptströmungen*, Frankfurt/M. 1980.

verstoßen. Dieses Zerstörungswerk führte an den Rand des Nihilismus. Doch das Wirken dieser radikalen Sabbatianer - so Scholem - sei nicht rein negativ gewesen, vielmehr hätten sie, nachdem sie zur Auflösung der Tradition beigetragen hatten, das Judentum von innen heraus erneuert. Nicht allein von außen, d.h. durch die Rezeption der Aufklärung, sei das Judentum in die Moderne geführt worden, vielmehr sei seine Modernisierung auch von innen bewirkt worden.[11] Die jüdische Mystik zum Gegenstand seiner wissenschaftlichen Forschungsarbeit zu machen bzw. seinen Schwerpunkt auf den Zohar zu legen, lag darüber hinaus für Scholem auch insofern nahe, als die jüdische Mystik zum Zionismus hin führt. Sie ist diejenige Phase der jüdischen Geschichte, aus der ihm wahrscheinlich der Zionismus am besten zu "beweisen" schien. Die Beschäftigung mit ihr macht besonders die "Last der Geschichte" deutlich. Denn durch sie wurde der Erlösungsgedanke gefasst, in ihr trat die Sehnsucht der Juden nach Erlösung in aller Deutlichkeit zu Tage. Doch hat sie das Erlösungswerk nicht vollbracht, steht die Erlösung noch aus. Sie ist nun für Scholem auf dem vom Zionismus gewiesenen Weg zu erreichen. Um ihn zu gehen, sind die messianischen Energien, die zur Zeit Sabbatai Zwis auflebten, unabdingbar. Doch darf nicht ein weiteres Mal auf einen Messias gehofft werden, sondern muss die Erlösung von den Juden eigenständig herbeigeführt werden.

Während die Identifikation mit dem Judentum die Wahl des Gegenstandes bestimmt, kommt die andere Seite des Widerspruchs, die Modernität Scholems besonders in der Art der Behandlung dieses Gegenstandes, der wissenschaftlichen Tätigkeit zum tragen. Aber wie das Moment der Identifikation nicht isoliert betrachtet wurde, sondern als zentraler Akt im Prozess der Individuierung, so darf auch die Modernität Scholems nicht für sich genommen, sondern muss im Zusammenhang mit seiner Religiosität gesehen werden. Ein letztes Mal stellt sich die Frage, wie dieser Widerspruch vereint werden kann, wie es möglich ist, trotz der Religiosität seriöse wissenschaftliche For-

---

11 Siehe hierzu Scholem, Gershom, *Judaica 5. Erlösung durch Sünde*, Frankfurt/M. 1992. Und auch der Aufsatz des Verfassers: *Soziologische Überlegungen zur jüdischen Mystik im Werk von Gershom Scholem*, in: *Zeitschrift für Religions- und Geistesgeschichte*, Heft 1 (1998), S. 84-90.

schungsarbeit zu leisten.[12] Gibt es eine Verbindungslinie zwischen Religion und Wissenschaft? Ja, diese Linie ist diejenige, die von der Prophetie zur Wissenschaft führt. Dass Scholem sich als Prophet imaginiert, hat sich anhand der Tagebücher gezeigt. Seine wissenschaftliche Tätigkeit ist nun aber als Fortführung dieser Prophetie zu verstehen. Die prophetische Praxis und das wissenschaftliche Handeln stehen nicht nur in einem Gegensatz, wie man leicht glauben könnte, vielmehr haben sie auch einige Gemeinsamkeiten. Die erste besteht darin, dass hier wie dort das Subjekt sich in einer widersprüchlichen Stellung befindet: Wie der Prophet so gibt sich auch der Wissenschaftler auf der einen Seite völlig einer Sache hin, negiert seine Subjektivität und macht sich zum Sprachrohr eines anderen. Auf der anderen Seite befindet sich auch der Wissenschaftler wie der Prophet in einer herausgehobenen Position, aus der er zu seinem Publikum spricht.

Eine zweite Gemeinsamkeit lässt sich in Bezug auf die Struktur der Tätigkeit des Wissenschaftlers und des Propheten feststellen: Sowohl die Hypothesen des Wissenschaftlers als auch die Verkündigungen des Propheten sind der Logik der Falsifikation unterworfen. Beide werden einer Bewährungsprobe ausgesetzt, in der sie bestehen oder scheitern können. Der Unterschied ist freilich, dass die wissenschaftlichen Hypothesen sich allein theoretisch bewähren müssen: Sie werden gedankenexperimentell mit den Daten der Empirie konfrontiert, an diesen überprüft. Die Prophetie hingegen muss sich in der Praxis bewähren, der vom Propheten gewiesene Weg muss die Gefolgschaft aus der Krise führen.

Nicht zuletzt besteht auch ein genetischer Zusammenhang zwischen den beiden Tätigkeiten, insofern durch die biblische Prophetie als einer autonomen Praxis die Grundlage dafür geschaffen wurde, dass sich im okzidentalen Rationalisierungsprozess ein Reich des Geistes hat ausbilden können, in dessen Rahmen sich jene Logik des besseren

---

12 In der Diskussion über diese Frage ist häufig versucht worden, den Widerspruch in eine Richtung aufzulösen, statt die Möglichkeit der Vereinbarkeit ernsthaft zu durchdenken. Siehe hierzu: Hamacher, Elisabeth, *Gershom Scholem und die Allgemeine Religionsgeschichte*, Berlin New York 1999.

Argumentes entwickeln konnte, der die moderne Wissenschaft verpflichtet ist.[13]

---

13 Siehe hierzu die Studie des Verfassers: *Autonomie, Gehorsam und Bewährung im Koran*, Hildesheim 1999.

Soziologische Überlegungen zur jüdischen Mystik im Werk von Gershom Scholem

I.

In der Bundesrepublik gerät von Neuem der Religionshistoriker Gershom Scholem in die Diskussion: Einige seiner wichtigsten wissenschaftlichen Arbeiten,[1] Tagebücher,[2] Briefe[3] sowie andere Schriften sind in der letzten Zeit veröffentlicht worden - und nun ist auch schon die erste Sammlung von Sekundärtexten erschienen.[4] Die Bedeutung, welche das Werk von Scholem auch für die Religionssoziologie besitzt, ist bisher jedoch kaum erkannt worden. Um sie soll es im Folgenden gehen. Die leitende Fragestellung wird dabei lauten, ob Scholems Arbeiten zur jüdischen Mystik mit der Studie Max Webers über "Die protestantische Ethik und der Geist des Kapitalismus"[5] auf eine Ebene gestellt werden können. Diese Frage drängt sich auf, weil schon bei einer ersten, oberflächlichen Wahrnehmung die Vermutung aufkommt, dass Ähnliches beschrieben wird, insofern in beiden Fällen religiöse Phänomene thematisch sind, die einen bedeutsamen Säkularisierungsschub ausgelöst haben.[6]

---

1 Scholem, Gershom, *Sabbatai Zwi. Der mystische Messias*, Frankfurt/M. 1992; ders., *Judaica 5. Erlösung durch Sünde*, Frankfurt/M. 1992.

2 Ders., *Tagebücher nebst Aufsätzen und Entwürfen bis 1923*, 1. Halbband 1913-1917, Frankfurt/M. 1995.

3 Unter anderem: Scholem, Gershom, *Briefe*, Bd. I, 1914-1947, München 1994; ders., *Briefe*, Bd. II, 1948-1970, München 1995.

4 Schäfer, Peter und Gary Smith (Hg.), *Gershom Scholem. Zwischen den Disziplinen*, Frankfurt/M. 1995.

5 Weber, Max, *Die protestantische Ethik und der Geist des Kapitalismus*, in: ders., *Gesammelte Aufsätze zur Religionssoziologie I*, Tübingen 1988, S. 17-206.

6 Auf die aktuellen Kontroversen um das Werk von Scholem werde ich nicht genauer

II.

Die Argumentation Webers ausführlich wiederzugeben, ist nicht erforderlich, da dies schon häufig geschehen ist.[7] Die Fragestellung,
unter der Weber religiöse Phänomene betrachtete, war freilich speziell
soziologischer Natur, d.h. sein Erkenntnisinteresse zielte darauf, das
Verhältnis von Religion und Gesellschaft zu bestimmen. Bekannt ist
seine These, das Christentum - insbesondere in seiner protestantischen
Ausprägung - habe einen wesentlichen Beitrag zu Entstehung der Moderne geleistet: Es habe die Motivation für eine rastlose Tätigkeit geschaffen, die nie an ihr Ziel kommt, da dieses - die Gewissheit ewigen
Heils - nicht erreichbar ist. Nur ein Indiz ließ sich dafür erlangen: der

---

eingehen. Die Frage etwa, ob die jüdische Mystik maßgeblich durch gnostische Gedanken beeinflusst wurde, wie Scholem es annahm, kann hier nicht behandelt werden.
(Siehe hierzu den Aufsatz "Subversive Katalysatoren: Gnosis und Messianismus in
Gershom Scholems Verständnis der jüdischen Mystik" von Moshe Idel in dem oben
erwähnten Band.) Sie lässt sich nur klären, wenn die Quellen selbst herangezogen
werden - die vorliegende Arbeit beschränkt sich jedoch darauf, die Texte von Scholem zu diskutieren. Zu einer anderen gegenwärtig diskutierten Frage - ob die jüdische
Mystik Schrift auslegend oder auf Erfahrungen bezogen ist - sei nur bemerkt, dass
sich Scholem einerseits zwar deutlich gegen ein Verständnis der jüdischen Mystik
vom Erlebnis her ausgesprochen hat (siehe etwa die Kritik an der von einem Bubneri-
aner vertretenen "Erlebnisideologie" in einem der ersten Briefe [vom 9. Oktober
1916]). Andererseits scheint Scholem die Dimension des Erlebnisses jedoch nicht
dogmatisch zu negieren (wie etwa an dem ersten der "Zehn unhistorischen Sätze über
Kabbala" [Scholem, Gershom, *Judaica 3. Studien zur jüdischen Mystik*, Frankfurt/M.
1987, S. 264-271] deutlich wird).

7 Siehe etwa: Sprondel, Walter M., *Sozialer Wandel, Ideen und Interessen: Systematisierungen zu Max Webers Protestantischer Ethik*, in: Seyfarth, Constans und Walter
M. Sprondel (Hg.), *Religion und gesellschaftliche Entwicklung*, Frankfurt/M. 1974, S.
206-224. Seyfarth, Constans, *Protestantismus und gesellschaftliche Entwicklung: Zur
Reformulierung eines Problems*, ebd. S. 358-366. Dülmen, Richard von, *Protestantismus und Kapitalismus. Max Webers These im Licht der neueren Sozialgeschichte*,
in: Gneuss, Christian und Jürgen Kocka (Hg.), *Max Weber. Ein Symposium*, München
1988, S. 88-101. Schluchter, Wolfgang, *Das historische Erklärungsproblem: Die
Rolle der Reformation im Übergang zur Moderne*, in: ders., *Die Entwicklung des
okzidentalen Rationalismus. Eine Analyse von Max Webers Gesellschaftsgeschichte*,
Tübingen 1979, S. 204-255.

Besitz irdischer Reichtümer, so dass sich die Tätigkeit darauf richtete,
solche anzusammeln - obwohl sie nicht konsumiert werden durften, da
dies bedeuten würde, dem irdischen Mammon zu verfallen. Da sie
nicht konsumiert wurden, konnten sie reinvestiert werden, das Kapital
wurde vergrößert und immer wieder zur Steigerung der Produktivität
neu eingesetzt - so kommt es zum kapitalistischen take-off auf der
Basis von Arbeitsethik und Askese.
Das Judentum hat eine ähnliche Rolle nicht gespielt[8] - dennoch hat in
seinem Rahmen ein Prozess stattgefunden, der in einigen Punkten mit
dem hier kurz skizzierten vergleichbar ist.

III.

Scholem unterscheidet sich, was seine Forschungsweise betrifft, deutlich von Weber: Er arbeitete ausschließlich als ein Historiker, der philologische Methoden anwandte, der Texte sammelte, datierte, teilweise auch übersetzte, kommentierte, publizierte und auf diese Weise die
Grundlagen für einen neuen Forschungszweig innerhalb der Judaistik
legte: die Erforschung der jüdischen Mystik. Das Verhältnis der jüdischen Mystik zur Gesellschaft interessierte ihn nur am Rande. Sich
explizit von einer soziologischen Herangehensweise absetzend, die
nur äußere Faktoren berücksichtige, beabsichtigte Scholem, seinen
Gegenstand, die jüdische Mystik, primär aus seiner inneren Entwicklung heraus zu verstehen. Dies gilt gerade für jenes Phänomen, das
hier im Mittelpunkt stehen soll (da in ihm sich der Umschlag in einen
Säkularisierungsprozess vollzieht): das Auftreten des jüdischen Messias Sabbatai Zwi sowie die sabbatianische Bewegung und ihre Folgen. Eine soziologische Erklärung dieses Phänomens lehnt Scholem
deshalb ab, weil die Tatsache, dass Sabbatai Zwi im 17. Jahrhundert
von sich behaupten konnte, der Messias der Juden zu sein und ein
großer Teil der Judenheit ihm Gefolgschaft leistete, sich weder auf
soziale Ursachen - seine Gefolgschaft rekrutierte sich aus allen sozialen Schichten - noch auf unmittelbare Erfahrungen - wie die Vertrei-
bung aus Spanien im Jahre 1492 und die Chmielnicki-Progrome 1648

---

8 Siehe: Fromm, Erich, *Das jüdische Gesetz. Zur Soziologie des Diaspora-Judentums*,
Weinheim, Basel 1989.

in der Ukraine - zurückführen lasse. Diese hätten zwar zur Entstehung einer "messianischen Stimmung" beigetragen, der Messianismus sei jedoch letztlich nur aus der innerreligiösen Entwicklung zu erklären. Wenn eine im engeren Sinne soziologische Erklärung zurückgewiesen wird, lässt sich dann der Zusammenhang von Messianismus und Säkularisierung dergestalt theoretisch erklären, dass der Messianismus als ein notwendiges Moment begriffen wird, ohne das eine Religion nicht zu einer "vollkommenen" wird, dem "Begriff von Religion" nicht entspricht - wie es bei Hegel heißt, der das Judentum als die Religion des "unglücklichen Bewusstseins" bezeichnete, weil es sich im Zustand der "Entzweiung" befindet und nicht in dem der "Versöhnung" von Gott und Mensch (paradigmatisch im Messias)? Oder kann der Mythosbegriff von Lévi-Strauss herangezogen und gesagt werden, dass die Säkularisierungsdynamik daraus resultiert, dass mit dem Messianismus auch die letzte der drei Fragen, auf die ein jeder Mythos eine Antwort geben muss: Woher kommen wir? Wer sind wir? und Wohin gehen wir?, beantwortet wurde?

Scholem würde theoretische Überlegungen dieser Art entschieden zurückweisen. Ihm geht es gerade darum, jeden Schematismus, alle Wesensbestimmungen usw. usf. hinter sich zu lassen und allein mit Hilfe gesicherter historischer Fakten zu argumentieren.

Wie lässt es sich nun erklären, dass es zu einem so starken Messianismus im Judentum kommen konnte? Dies ist insbesondere deswegen erklärungsbedürftig, weil das rabbinische Judentum dem Messianismus von Anfang an eher ablehnend gegenüberstand.[9] Schon in seiner Frühphase wird das deutlich: Das rabbinisch Judentum entsteht vor dem Hintergrund einer gescheiterten messianischen Bewegung (von Bar Kochba 132-135 n. Chr.).[10] Hinzukommt, dass der Messianismus bereits christlich "besetzt" war - ein Messianismus innerhalb des Judentums konnte nur dann Anerkennung finden, wenn er sich

---

9 Nach Funkenstein wurden die Ansätze zum Messianismus, welche in der Bibel zu finden sind, lange Zeit schlicht links liegen gelassen, nicht aktualisiert und weiterentwickelt. Siehe: Funkenstein, Amos, *Jüdische Geschichte und ihre Deutungen*, Frankfurt/M. 1995.

10 Siehe: Schubert, Kurt, *Jüdische Geschichte*, München 1995.

deutlich von dem christlichen unterschied.[11] Ein jüdischer Messianismus musste freilich aber auch mit der religiösen Tradition übereinstimmen und das hieß insbesondere: Er musste mit der Logik des Schöpfungs- und des Paradiesmythos übereinstimmen.[12] Das Ende der Geschichte musste mit dem Anfang kompatibel sein, die Erlösung, die am Ende steht, durfte zu der Logik des Sündenfalls, dem Abfall von Gott nicht im Widerspruch stehen, genauer: Die Erlösung, welche der Messias bringt, durfte kein reines Geschenk, keine reine Gnadengabe sein, da dies nicht der Tatsache entsprechen würde, dass der Mensch mit dem Sündenfall seine Autonomie gewonnen hat. Die Erlösung muss also (auch) eine eigenständig erworbene sein. Im Christentum wird dem mit der Aufforderung zur Nachfolge Christi entsprochen, insofern diese sich nicht auf die bloße Imitation exemplarisch vorgeführter Handlungsmuster beschränkt, sondern in einer autonomen Bewährung des einzelnen Gläubigen bestehen soll. Dieses ist dadurch vorgebildet, dass Christus die entscheidende Tat in eine offene Zukunft hinein vollzog: Welche Folgen sein Tod haben würde, war für ihn nicht absehbar, ob durch ihn die Gefolgschaft, die er zeitlebens für seine Botschaft zu erhalten versuchte, durch diese Tat gewonnen werden würde oder nicht, konnte er nicht wissen.[13]

---

11 Wie erklärt sich, dass die messianische Bewegung, an deren Spitze Jesus von Nazareth stand und die freilich zunächst innerhalb des Judentums existierte, sich nicht in diesem durchsetzte, sich von ihm abspaltete und sich schließlich in Absetzung von diesem als eine konkurrierende Religion etablierte? War der Grund dafür, dass sie nicht die ersehnte politische Befreiung brachte, nicht in die nationale Unabhängigkeit führte?

12 Die biblischen Ansätze zum Messianismus waren Scholem freilich bewusst. Siehe hierzu: Scholem, Gershom, *Zum Verständnis der messianischen Idee im Judentum*, in: ders., *Judaica I*, Frankfurt/M. 1986, S. 7-74. Dass eine daran anknüpfende Fortbildung des Messianismus jedoch auch im Einklang mit dem Herkunftsmythos stehen muss, hat Scholem m.E. zu wenig berücksichtigt.

13 Siehe hierzu: Oevermann, Ulrich, *Ein Modell der Struktur von Religiosität. Zugleich ein Stukturmodell von Lebenspraxis und von sozialer Zeit*, in: Wohlrab-Sahr, Monika (Hg.), *Biographie und Religion. Zwischen Ritual und Selbstsuche*, Frankfurt/M., New York 1995, S. 27-102.

Wenn nun, wie Scholem es gezeigt hat, auf der Basis der jüdischen Mystik, der Kabbala, ein spezifisch jüdischer Messianismus entsteht, so ist auch hier erneut der soeben betonte Zusammenhang von Schöpfungsmythos und Erlösungsmythos erkennbar. Denn die Mystik wurde deswegen zur Basis eines jüdischen Messianismus, weil in ihr der Schöpfungsmythos neu interpretiert wurde, dessen Linien dann im Messianismus weitergezogen wurden. Innerhalb dieser neuen Interpretation erscheint Gott als Autonomiezentrum in potenzierter Gestalt, Kern sich überlagernder Schichten der Emanation (Lehre von En Sof und den Sofiroth), die Welt als Resultat eines Rückzuges von Gott in sich selbst (Lehre vom Zimzum). Der Mensch (Adam Kadmon) war ebenfalls göttlich, doch ist er gefallen, seine Scherben, Funken sind in der Sünde verstreut (Lehre von den Kelipoth). Von dort müssen sie gesammelt und wieder zusammengefügt werden. Darin die Aufgabe des Messias zu sehen, der das Reine von dem Unreinen trennt, die Funken aus dem Bereich der Sünde einsammelt und entfernt und auf diese Weise die ursprüngliche Ordnung restituiert, liegt nahe. Die Gläubigen haben ihm auf diesem Weg zu folgen. (Lehre vom Tikkun).[14]

---

14 Eine Zusammenfassung dieser Ideen findet sich auch bei Habermas. Siehe: Habermas, Jürgen, *In der Geschichte das Andere der Geschichte aufspüren. Zu Gershom Scholems "Sabbatai Zwi"*, in: *Babylon. Beiträge zur jüdischen Gegenwart*, Heft 10-11, S. 139-145. Die Bedeutung Scholems für eine Religionssoziologie in der Tradition Webers hat Habermas freilich nicht gesehen. Im Rahmen der Thematisierung von Rationalisierungsprozessen, die Habermas in seinem Hauptwerk durchführt, ist von Scholem mit keinem Wort die Rede. Das Judentum wird zunächst gemeinsam mit dem Christentum unter die Kategorie der "Weltbeherrschung" subsumiert und im Folgenden geflissentlich übergangen. Siehe das zweite Kapitel in: Habermas, Jürgen, *Theorie des kommunikativen Handelns*, Bd. 1, *Handlungsrationalität und gesellschaftliche Rationalisierung*, Frankfurt/M. 1981. Die Schwierigkeit, welche Habermas mit Scholem hat, ist nicht zuletzt darin begründet, dass Scholem nicht in der Tradition der Aufklärung steht (wie Habermas), sondern in derjenigen der Romantik. Dies wird überaus deutlich an der scharfen Aufklärungskritik, die sich in den Tagebüchern Scholems finden lässt (siehe S. 61). Diese (eigentlich auf der Hand liegende) Tatsache wird auch von Thomas Sparr nicht gesehen, der Scholem in die Nähe von Karl Mannheim rückt, ohne vorab zu klären, dass die beiden in unterschiedlichen Traditionen stehen - hier die der Romantik, dort die der Aufklärung (der die Wissenssoziologie Mannheims verpflichtet ist); siehe: Sparr, Thomas, *"Ideologie und Utopie" als Motiv in der deutsch-jüdischen Wissenschaftsgeschichte*, in: DER MERKUR, Heft 555, (1995), S. 538-543.

Nun stellt sich aber die Frage, wie es kommen konnte, dass aus diesen Überlegungen ein die gesellschaftlichen Verhältnisse veränderndes Handeln folgen konnte. Wie gesagt, wurden diese Überlegungen im Rahmen der Mystik entwickelt. An sich hat die Mystik zwar einen "subversiven" Charakter, insofern mit ihr eine Abkehr von dem dominanten Heilsweg verbunden ist, der über die Einhaltung der religiösen Gesetze führt: Der Mystiker schlägt einen individuellen Heilsweg ein, sucht den individuellen und direkten Kontakt mit Gott.[15] Die Gesetze verlieren somit an Bedeutung. Doch bedingt dieser Heilsweg meistens, dass der Mystiker sich von der Welt abwendet und sich jeden Eingreifens in die Welt enthält.[16] Wie kommt es nun aber, dass dies sich im Fall der jüdischen Mystik bzw. dem auf ihr basierenden Messianismus anders verhält, dass hier die Gläubigen im Gegenteil dazu motiviert werden, in die Wirklichkeit praktisch einzugreifen? Der Grund dafür liegt in dem praktischen Verhalten desjenigen, der schließlich als Messias der Juden auftrat: Sabbatai Zwi. In der Mitte des 17. Jahrhunderts machte dieser in seiner Geburtsstadt Smyrna in Kleinasien dadurch auf sich aufmerksam, dass er sporadisch Taten beging, mit denen auf eklatante Weise die bisher gültigen Normen durchbrochen wurden. Den Widerspruch im Verhalten von Sabbatai Zwi, der auf der einen Seite ein überaus frommer und gelehrter Mann war, auf der anderen Seite aber die Gesetze verletzte, erklärt Scholem psychologisch als Ausdruck eines manisch-depressiven Charakters: In Zeiten der Depression verhält sich Sabbatai Zwi mit der Tradition konform, gerät er jedoch in euphorische Stimmung, begeht er antinomistische Handlungen.

---

15 Siehe hierzu das erste Kapitel in: Scholem, Gershom, *Die jüdische Mystik in ihren Hauptströmungen*, Frankfurt/M. 1980.

16 So z.B. in der islamischen Mystik. Siehe dazu: Goldziher, Ignaz, *Koranauslegung der islamischen Mystik*, in: ders., *Die Richtungen der islamischen Koranauslegung*, Leiden 1952, S. 180-262. Allgemein zu religiös motivierten Weltverhältnissen: Schluchter, Wolfgang, *Weltflüchtiges Erlösungsstreben und organische Sozialethik. Überlegungen zu Max Webers Analyse der indischen Kulturreligionen*, in: ders. (Hg.), *Max Webers Studie über Hinduismus und Buddhismus. Interpretation und Kritik*, Frankfurt/M. 1984, S. 37-40.

Sabbatai Zwi wird jedoch erst dadurch zum Messias, dass ihn ein anderer, Nathan von Gaza, als solchen ansieht und dazu bewegt, sich als Messias in der Öffentlichkeit auszugeben. Die Begründung dafür, dass Sabbatai Zwi der Messias ist, liefert Nathan, indem er dessen Handlungen in die mystische Theologie einfügt: Sabbatai Zwi vollzieht als Messias das Erlösungswerk, indem er die Gesetze verletzt, denn mit seinen antinomistischen Handlungen begibt er sich in die Sünde, um die Funken aus ihr herauszuholen. Um der Erlösung willen durchbricht Sabbatai Zwi die Gesetze.

Der Antinomismus Sabbatai Zwis spitzt sich allerdings zu: Sabbatai Zwi wird vom türkischen Sultan gefangengenommen (der die messianische Bewegung, an deren Spitze Sabbatai steht, als bedrohlich wahrnimmt) und gezwungen, den jüdischen Glauben abzulegen und zum Islam überzutreten. Mit der Konversion aber verletzt Sabbatai Zwi nicht nur eine einzelne religiöse Norm, sondern wendet sich grundsätzlich gegen die jüdische Religion. Doch auch diese Tat wird - obwohl sie dadurch paradox wird - theologisch gerechtfertigt: Um die Erlösung zu bewirken, musste sich Sabbatai Zwi von der Religion trennen, die sie verspricht. Die Erlösung wird gerade auf dem Weg über die größte Sünde, die man sich vorstellen kann, die Apostasie, erreicht.

Die sabbatianische Bewegung - es war die größte messianische Bewegung seit Bar Kochba, die Anhängerschaft ging quer durch alle Schichten der gesamten Judenheit - geriet mit der Zeit freilich in einen Widerspruch: Die Überzeugung der Sabbatianer, dass Sabbatai Zwi die Erlösung gebracht habe bzw. dass durch sein Wirken der Erlösungsprozess seinen Anfang genommen habe und ein neues Zeitalter angebrochen sei, wurde mehr und mehr von der Wirklichkeit in Frage gestellt, in der sich nichts wesentlich veränderte: Der Messias starb nach einiger Zeit und alles blieb beim Alten.

In der Folge von Sabbatais Tod spaltete sich zunächst die sabbatianische Bewegung angesichts der Frage, ob die Handlungen des Messias stellvertretend vollzogen wurden oder nur exemplarisch. Von ersterem waren die gemäßigten Sabbatianer überzeugt: Sie hielten deswegen an den Gesetzen fest und ihre Konformität wurde mehr und mehr zu einer Fassade. Für die radikalen Sabbatianer hingegen wurde das Verhalten Sabbatai Zwis zu einem verbindlichen Muster: Alle Gläubigen seien dazu angehalten, sich am Erlösungswerk dergestalt zu beteiligen, dass sie genauso wie Sabbatai Zwi Normen verletzen, ja, womöglich vom Glauben abfallen und konvertieren.

Die verschiedenen theologischen Argumentationen, die in den unterschiedlichen Ausprägungen des Sabbatianismus entwickelt wurden, müssen hier nicht genauer beachtet werden. Hier geht es allein um die Frage: Welche Folgen hatte das Auftreten Sabbatai Zwis als Messias sowie die theologische Erklärung seines Handelns, welche von Scholem auf die Formel "Erlösung durch Sünde" gebracht wurde?

Zum einen waren die Folgen ganz konkret, insofern die Erlösung durch eine - antinomistische - Tat bewirkt werden sollte. Diese konnte einen rein "destruktiven" Charakter haben wie im Fall der "Sekte" der Frankisten, sie konnte aber auch positiv zur Entstehung von etwas Neuem führen, wenn sich etwa Sabbatianer an der Französischen Revolution beteiligten, da sie in ihr den weltgeschichtlichen "Tikkun" sahen. Dieses waren jedoch nur Einzelfälle.

Die allgemeine Wirkung des Sabbatianismus bestand darin, dass die Gläubigen sich innerlich von den Normen, Gesetzen, die einen wesentlichen Bestandteil des bisherigen Judentums ausgemacht hatten, entfernten. Insofern jene Juden, die zunächst Sabbatianer geworden waren, dann aber ihre Überzeugung, die Erlösung sei gekommen oder stehe unmittelbar bevor, aufgaben, schwerlich zum rabbinischen Judentum zurückkehren konnten, entstand bei einigen von ihnen das Bedürfnis nach einer Erneuerung des Judentums. Zwar führte erst einmal die bittere Einsicht, dass man sich geirrt hatte, zu einer tiefen Enttäuschung und es ist schwer vorstellbar, dass in dieser Situation der Wille entsteht, etwas Neues anzufangen, ein neues Risiko einzugehen. Dass dennoch ehemalige Sabbatianer sich daran machten, dass Judentum zu reformieren, zu der jüdischen Aufklärung und zur Assimilation beizutragen, wie Scholem es behauptet hat, lässt sich nur dadurch erklären, dass trotz allem eine starke Identifikation mit dem Judentum erhalten geblieben war, die dann aufgrund der Entfremdung vom rabbinischen Judentum neu gefüllt werden musste.[17]

---

17 Dass es einen innerjüdischen Weg in die Moderne gibt und diese nicht nur von außen in das Judentum hineingerät, dies zu zeigen, war eine der Absichten, die Scholem mit seiner wissenschaftlichen Arbeit verfolgte.

Scholem scheint der Meinung gewesen zu sein, dass auch der Zionismus als ein Streben nach Erlösung verwirklicht werden sollte: Nicht der Sozialismus, sondern die Idee der Erlösung, die mit ihr verbundenen Hoffnungen und Sehnsüchte sollten den Zionismus zu einer machtvollen Bewegung werden lassen. Doch dürfe auf der anderen Seite das Erlösungsstreben nicht realitätsfern werden, müsse in ein konkretes Handeln, in pragmatische Politik münden. Die praktischen Folgen des radikalen Sabbatianismus werden ihm unter diesem Gesichtspunkt zu einem abschreckenden Bespiel, das sich nicht wiederholen darf.

IV.

Worin bestehen nun die Gemeinsamkeiten und Differenzen der beiden beschriebenen Entwicklungen? In beiden Fällen werden Normen - mehr oder weniger konsequent - außer Kraft gesetzt: Im Puritanismus die sittlichen Normen, welche dem Erwerbsstreben bisher gewisse Schranken gesetzt hatten, im Sabbatianismus die religiösen Normen, die das Leben der Juden bis ins Detail bestimmten. Der theologische Hintergrund ist freilich ein ganz anderer: hier die Radikalisierung des Monotheismus und der mit ihm verbundenen Vorstellung von der Allmacht Gottes mit dem Folgeproblem, dass dessen Wille unergründlich wird und eine Heilsgewissheit wie bisher nicht mehr erlangt werden kann - so wird der berufliche Erfolg als Indiz für Auserwähltheit genommen. Dort ein Messianismus, der die Normverletzung zur Bedingung der Erlösung macht. Sie ist kein Nebenprodukt wie im Puritanismus, sondern gewollt. In beiden Fällen verläuft die Entwicklung dialektisch, insofern eine Vertiefung des Glaubens schließlich in einen Rationalisierungsprozess einmündet. Weber hat primär die nicht intendierten praktischen Folgen im Auge: Das Berufsethos und die Askese tragen dazu bei, dass sich der Kapitalismus etabliert, die Moderne sich bildet. Auswirkungen auf die Religion hat der Puritanismus nur indirekt: Die durch ihn geförderte Entwicklung, d.h. die Ausbildung der Moderne, die Ausdifferenzierung von Wertsphären gemäß ihrer eigenen Logik und mit den ihnen eigenen Handlungsmustern,[18]

---

18 Siehe hierzu auch: Luckmann, Thomas, *Das Problem der Religion in der modernen Gesellschaft. Institution, Person und Weltanschauung*, Freiburg o.J.

bewirkt einen Säkularisierungsprozess, die Auflösung der traditionellen Religion. (Auf die Frage, welche Formen von Religiosität an deren Stelle treten, kann hier nicht näher eingegangen werden.)

Das Bild, welches Scholem von den Folgen des Sabbatianismus entwirft, ist weniger eindeutig. Am ehesten vergleichbar mit dem Zusammenhang von Puritanismus und Kapitalismus ist das Beispiel derer, die sich an der Französischen Revolution beteiligten. Denn für sie gilt, dass sie aus religiösen Motiven zur Herausbildung einer spezifisch modernen Sphäre beigetragen haben: der des demokratischen Nationalstaates. Diejenigen Handlungen der Sabbatianer, die sich in der Negation der traditionellen Gesetze erschöpften, haben freilich eine vergleichbar Wirkung nicht erzielt. Die vorrangige Wirkung des Sabbatianismus ist jedoch innerreligiös in der Hinführung zu modernen Formen des Judentums zu sehen.

Trotz der aufgewiesenen Differenzen liegt in dem, was Scholem beschreibt, eine mit der von Weber rekonstruierten vergleichbare Dialektik der Rationalisierung vor.

Wissenschaft im Dienste der Erlösung

Zu "Judaica 6. Die Wissenschaft vom Judentum" von Gershom Scholem[1]

Zusammen mit einem Brief an den Dichter Chaim Nachman Bialik aus dem Jahre 1925, in dem Scholem einen Plan für seine wissenschaftlichen Arbeiten der nächsten (min.) 10 Jahre - die Erforschung der Kabbala von ihren Anfängen im 12. Jahrhundert bis ins 16. Jahrhundert - darlegt, und einem Nachwort des Berliner Judaisten Peter Schäfer ist die Übersetzung einer (nicht gehaltenen) Rede Scholems erschienen, die dieser aus Anlass des 20jährigen Bestehens des Instituts für Judaistik an der Hebräischen Universität in Jerusalem 1944 geschrieben hat. Die Ausgangssituation mit dem konfrontierend, was bisher geleistet wurde, zieht Scholem eine Bilanz, die schärfer nicht ausfallen könnte: Am Anfang standen die größten Hoffnungen, wurden die höchsten Ziele gesteckt - doch (fast) nichts von dem wurde in den 20 Jahren des Bestehens erreicht. Die Generation von Wissenschaftlern, die 1924 ihre Arbeit in Jerusalem begann, beflügelte der Glaube, mit Hilfe der wissenschaftlichen Erforschung des Judentums dieser Religion neue Kraft und neues Leben verleihen und auf diesem Wege die Nation erneuern zu können. Ja, letztlich wurde die wissenschaftliche Arbeit aufgenommen in der Hoffnung, mit ihr die "Erlösung" herbeiführen zu können. Warum aber haben sich diese Hoffnungen nicht erfüllt - das ist die Frage, die Scholem sich in dieser Rede stellt. Bezeichnend ist, dass er sich in seinem Versuch, eine Antwort auf diese Frage zu finden, von den letzten 20 Jahren abwendet und auf die Anfänge der Wissenschaft vom Judentum im 19. Jahrhundert zu sprechen kommt. Naheliegender wäre es freilich gewesen, diese letzten 20 Jahre, d.h. die eigene Arbeit in den Fokus der Betrachtung zu stellen, genauer gesagt, zu fragen, ob denn die gesteckten

---

1 Scholem, Gershom, *Judaica 6. Die Wissenschaft vom Judentum*, Frankfurt/M. 1997.

Ziele auf dem eingeschlagenen Weg hätten erreicht werden können, ob denn die Methode der historischen Kritik (welche von Scholem als Inbegriff wissenschaftlichen Vorgehens betrachtet wird) die in sie gesetzten Hoffnungen überhaupt erfüllen kann. Würde sich Scholem jedoch diese Frage stellen, müsste er die Unmöglichkeit seines Tuns eingestehen, müsste sich für eines von beidem entscheiden - für die messianischen Hoffnungen oder die wissenschaftliche Arbeit. Doch Scholem hält an beidem fest - und das macht die enorme Spannung aus, die seinem wissenschaftlichen Werk und auch seiner gesamten Person zugrunde liegt. Aus ihr erklärt sich die Faszination, die von Scholem und seinem Werk ausgeht: Scholem ist auf der einen Seite von messianischen Erwartungen zutiefst erfüllt, unterwirft sich aber auf der anderen Seite den höchsten Anforderungen an wissenschaftliche Strenge.

Dass Scholem diesen Widerspruch, in dem er sich befindet, nicht thematisiert, bedeutet nun nicht, dass ihm dieser grundsätzlich unbekannt und er nicht dazu in der Lage wäre, ihn zu sehen: In Bezug auf die erste Generation von Wissenschaftlern, d.h. in Bezug insbesondere auf Zuns und Steinschneider, sieht er sehr wohl den Widerspruch zwischen dem Streben nach Objektivität, nach Wissenschaftlichkeit und der Orientierung an praktischen Zielen. (Diese sind freilich bei Zuns und Steinschneider nicht so hoch gesteckt wie bei Scholem: Es geht ihnen "nur" darum, die Gleichberechtigung der Juden zu bewirken.) Warum liegt hier ein Widerspruch vor? Auch an dieser Stelle zeigt sich, wie prekär Scholems Standpunkt ist, denn er weicht einer Antwort auf diese Frage aus. Tatsächlich erklärt sich dieser Widerspruch dadurch, dass die Wissenschaft nur sehr begrenzt Einfluss auf die Praxis nehmen kann, nämlich indem sie Dinge bewusst macht und Klarheit über sie verschafft. Allein von der Empirie ausgehend und der Logik des besseren Argumentes verpflichtet bewirkt sie tendenziell eine Auflösung von Gewissheiten, die für das Handeln konstitutiv sind, zumal von religiösen Überzeugungen. So weit aber will Scholem nicht gehen. Deswegen behauptet er, Wissenschaft könne entweder "destruktiv" oder "konstruktiv" sein. Entscheidend sei die Einstellung des Wissenschaftlers zu seinem Gegenstand: Destruktiv sei die wissenschaftliche Arbeit nur, wenn der Wissenschaftler seinen Gegenstand ablehnt, konstruktiv aber könne sie sein, wenn er ihn bejaht. Bei den Pionieren der Wissenschaft vom Judentum entdeckt Scholem nun Hass, Zorn und Zynismus. Dies sei der Grund dafür, dass ihre Arbeit zur "Liquidation" des Judentums führe - folglich bezeichnet Scholem ihr Werk als eine "Leichenprozession" (27). Während diese Gründerväter jedoch noch Außergewöhnliches zustande gebracht hätten, sei die Wissenschaft vom Judentum bei ihren Nachfolgern gänzlich verflacht. Die bei ersteren noch vorhandenen kreativen Widersprüche hätten sich bei letzteren in einer "Orgie der Mittelmäßigkeit" (31) entladen.

Die "Generation der Wiedergeburt" (43) nun habe eine positive Einstellung zu ihrem Gegenstand, zur jüdischen Geschichte. Deswegen sei sie prinzipiell zu einer "Restauration" der Tradition in der Lage. Auch wenn Scholem - kritisch nicht nur in Bezug auf andere, sondern auch auf sich selbst - feststellt, dass diese Generation von "Rebellen" zu "Nachfolgern" (49) der frühen Wissenschaftlern wurde, so gibt er doch den Gedanken an das Mitwirken der Wissenschaft am Erlösungswerk nicht auf.

Der religiöse Diskurs und seine Mechanismen. Zur Studie von Abu Zaid über "Islam und Politik"

Vor kurzem ist die Studie des ägyptischen Literaturwissenschaftlers Abu Zaid "Islam und Politik. Kritik des religiösen Diskurses" in einer Übersetzung für ein breites Leserpublikum in Deutschland zugänglich gemacht worden.[1] Mit ihr liefert Abu Zaid einen Beitrag zur Diskussion um den islamischen Fundamentalismus und zum Verständnis des Islam in der Gegenwart, der seinesgleichen sucht. Wurde hierzulande bisher der islamische Fundamentalismus primär in seinem Verhältnis zur Moderne bestimmt - als "Flucht aus der Moderne" oder als Aneignung einer "halbierten Moderne" -, so wird er von Abu Zaid von innen heraus erschlossen und in den Kontext der Geschichte der islamischen Religion gestellt.

In dem vorliegenden Text soll die Argumentation Abu Zaids dargelegt und kritisch erörtert werden. Zunächst werden die Vorannahmen behandelt, welche seine Arbeit strukturieren - die Bestimmung seines Gegenstandes, die Wahl der Methode sowie der persönliche Standpunkt des Autors -, dann wird auf die Durchführung seines Projektes eingegangen. Der eigenen Argumentation wird zum einen ein in der Soziologie entwickeltes Modell der Struktur von Religiosität[2] zugrunde gelegt, zum anderen werden einige Ergebnisse meiner eigenen religionssoziologischen Forschung zum Islam in die Argumentation einfließen.[3]

---

1 Abu Zaid, Nasr Hamid, *Islam und Politik. Kritik des religiösen Diskurses*, Frankfurt/M. 1996.

2 Oevermann, Ulrich, *Ein Modell der Struktur von Religiosität. Zugleich ein Strukturmodell von Lebenspraxis und von sozialer Zeit*, in: Wohlrab-Sahr, Monika (Hg.), *Biographie und Religion. Zwischen Ritual und Selbstsuche*, Frankfurt/M. New York. 1995. S. 27-102.

3 In der Tradition Max Webers wurde die Frage nach den Autonomisierungs- und Rationalisierungspotentialen im Islam auf dem Weg über eine soziologische Analyse

Es wird sich zeigen, dass Abu Zaid zwar auf der einen Seite einen innovativen Beitrag zum Verständnis des Islam in der Gegenwart leistet, da er sich nicht nur auf eine inhaltliche Analyse des Phänomens beschränkt, sondern auch die Mechanismen in den Blick nimmt, mit deren Hilfe im religiösen Diskurs verschiedenen Inhalten Geltung verschafft wird - und damit letztlich zur Erklärung auch seines eigenen "Falles" beträgt. Da Abu Zaid aber nicht nur als Wissenschaftler, sondern auch als Muslim argumentiert, dem an der Erneuerung seiner Religion gelegen ist, sind auf der anderen Seite seiner Analyse auch Grenzen gesetzt. Dies wird dann deutlich, wenn Abu Zaid nicht mehr bei der Kritik des religiösen Diskurses stehen bleibt, sondern dazu übergeht, in der Bezugnahme auf den Koran Ansätze für eine Erneuerung des Islam zu entwickeln: Die zuvor angewandte Methode wird fallengelassen, eine andere an deren Stelle gesetzt und mit ihrer Hilfe eine Lesart des Koran vorgeschlagen, die selektiv und unkritisch einige fortschrittliche Elemente des Textes heraushebt. Kehrseitig dazu wird die Frage nicht gestellt, welcher Zusammenhang zwischen dem Koran und dem religiösen Diskurs besteht, inwiefern der religiöse Diskurs (u.a. auch) durch den Koran bestimmt ist - da dieser als Fundament der Erneuerung von einem jeglichen Makel frei bleiben muss.

I.

Der Gegenstand, den Abu Zaid zu analysieren beabsichtigt, wird von ihm bezeichnet als der "religiöse Diskurs". Gemeint sind alle aktuellen Interpretationen des Islam bzw. des Koran. Dazu zählt er sowohl die Äußerungen der "Gemäßigten", d.h. der Religionsgelehrten, die den traditionellen Standpunkt der sunnitischen Orthodoxie vertreten, als auch die der "Radikalen", d.h. der Fundamentalisten bzw. Islamisten.[4]

---

des Koran verfolgt. Siehe: der Verfasser, *Autonomie, Gehorsam und Bewährung im Koran. Ein soziologischer Beitrag zum Religionsvergleich*, Hildesheim 1999.

4 Ich werde mich im folgenden Abu Zaids Sprachgebrauch anpassen und ebenfalls von "Islamisten" sprechen.

Beide Richtungen fasst er zu einem einheitlichen Phänomen zusammen, für das er den Begriff des religiösen Diskurses verwendet. Wie begründet Abu Zaid diese Entdifferenzierung, warum nimmt er sie vor?

1. Abu Zaid ist der Ansicht, dass sich beide Richtungen nicht wesentlich voneinander unterscheiden. Vielmehr teilen sie weitgehend gemeinsame inhaltliche Grundannahmen sowie Diskursmechanismen. (Die Begriffe werden später zu klären sein.)

Dass diese Gemeinsamkeiten zwischen beiden Richtungen bestehen, sieht Abu Zaid als den Grund dafür an, dass die Analysen des islamischen Fundamentalismus bzw. Islamismus, wie sie von offizieller Seite, d.h. von den "Gemäßigten" geboten werden, nicht weiterführen. Der Islamismus kann nur von einem Standpunkt aus adäquat begriffen werden, der außerhalb des religiösen Diskurses liegt: Nur wenn es mit den Islamisten keine Gemeinsamkeiten mehr gibt, können sie in eine Distanz gerückt werden, die ihre objektive Wahrnehmung - im Kontext des religiösen Diskurses - möglich macht.

2. Die Differenzen zu den Gemäßigten sind freilich dasjenige, was die Islamisten in ihrer Besonderheit auszeichnet. Sie fügen sich jedoch nicht zu einem systematischen Zusammenhang, so dass sie als unabhängige Einheit betrachtet werden könnten. Vielmehr sind die einzelnen Aspekte nur zu verstehen, wenn sie in ihrem Bezug auf dasjenige, von dem sie sich absetzen, gesehen werden. Das Denken der Islamisten dürfe nicht als isoliertes Phänomen, sondern müsse in einer Einheit mit dem der Gemäßigten gesehen werden.

Die begriffliche Bestimmung des Gegenstandes als "religiöser Diskurs" weckt die Erwartung, dass bei der Untersuchung eine bestimmte Methode angewendet wird: die Methode der Diskursanalyse, wie sie etwa von Foucault vertreten wurde. Ob dies tatsächlich der Fall ist, soll hier nicht überprüft werden. Auch auf das Problem der Subjektivierung des Diskurses, dem Handlungen, Absichten etc. zugeschrieben werden, werde ich nicht eingehen. Vielmehr werde ich mich darauf beschränken, die einzelnen methodischen Schritte nachzuvollziehen, die Abu Zaids Analyse strukturieren. Der erste Schritt besteht darin, dass Abu Zaid eine klare Differenz macht zwischen dem Text, genauer: dem Text des Koran auf der einen Seite und den verschiedenen Lesarten dieses Textes auf der anderen Seite - für ihre Gesamtheit steht der Begriff des religiösen Diskurses. Diese Unterscheidung ist wichtig, denn sie macht es Abu Zaid möglich, einen eigenständigen, einen wissenschaftlichen Zugang zum Text zu entwickeln. Problematisch ist jedoch, dass Abu Zaid meint, dieser - und die anderen heiligen Texte, die Hadithe (Berichte aus dem Leben des Propheten) - sei die Religion, eine Annahme, auf die später zurückzukommen sein wird.

Der zweite Schritt besteht in der bereits genannten Unterscheidung zwischen einer inhaltlichen Dimension des Diskurses und seinen Mechanismen. Was die inhaltliche Dimension betrifft, so ist eine ausführliche Erklärung überflüssig: Gemeint sind zentrale Themen, Topoi, Argumente. Schwieriger zu beantworten ist jedoch die Frage, wie Abu Zaid den Begriff des Diskursmechanismus fasst. Von den Mechanismen heißt es, dass sie "angewendet werden, um Theorien zu entwickeln" (29). Das setzt voraus, dass Theorien eine immanente Logik besitzen, die sich auf so etwas wie ein generatives Prinzip zurückführen lassen, eine axiomatische Struktur, aus der die einzelnen Bestandteile der Theorie hervorgehen. Dieser generative Aspekt kommt ebenfalls zum Ausdruck, wenn Abu Zaid davon spricht, dass die Mechanismen "zur Erzeugung der Bedeutung" (25) eingesetzt werden und den Diskurs "beherrschen und regulieren" (40). Des Weiteren heißt es aber von den Mechanismen auch, dass sie verwendet werden, um "andere zu überzeugen und Helfer und Sympathisanten zu gewinnen." (29) Damit wird auf zwei Dinge Bezug genommen, die als zwei Seiten derselben Problematik betrachtet werden können. Zum einen verwendet eine jede Äußerung eine Methode (oder mehrere Methoden gleichzeitig), um sich selbst zu legitimieren, um Zweifel, die aufkommen könnten, still zu stellen und die eigene Glaubwürdigkeit zu sichern. Bezogen auf die Adressaten der Äußerung dient diese Methode zum anderen dazu, sie von der Äußerung zu überzeugen und - soziologisch gesprochen - Gefolgschaft für die Äußerung zu gewinnen. Als Beispiele seien nur zwei "Mechanismen" genannt: Die Charismatisierung, mit deren Hilfe ein Prophet Gefolgschaft für eine göttliche Botschaft zu gewinnen versucht, und die rationale Argumentation, wie sie am ausgebildetsten in der Wissenschaft anzutreffen ist.

Es wäre also eigentlich notwendig, zwischen drei Dimensionen zu unterscheiden: 1. die Ebene der Inhalte (Semantik), 2. die Ebene der generativen Strukturen (Logik), 3. die Ebene der Methoden zu überzeugen, Zweifel still zu stellen und Gefolgschaft zu gewinnen (Pragmatik). Dass es notwendig ist, diese drei Dimensionen voneinander zu unterscheiden, wird sich zeigen, wenn im Folgenden zur Erörterung der Analysen von Abu Zaid übergegangen wird, in denen er versucht, gemäß der getroffenen Unterscheidung zunächst die "Mechanismen" des Diskurses zu bestimmen und im zweiten Schritt seine zentralen Inhalte darzulegen.[5]

Bevor auf die Ausführungen Abu Zaids näher eingegangen wird, muss jedoch noch auf ein grundlegendes Problem hingewiesen werden: Zu den beschriebenen Voraussetzungen kommt noch eine weitere hinzu. Während die bisher benannten von einer klaren wissenschaftlichen Herangehensweise zeugen, wird diese durch die Tatsache in Frage gestellt, dass Abu Zaid auch einen persönlichen Standpunkt einnimmt, den er schon zu Beginn seiner Studie zu erkennen gibt - die Frage, ob er auch zur Beeinträchtigung der Analyse führt, lässt sich freilich nur an den konkreten Ausführungen klären.[6]

Die Position Abu Zaids ist die eines Säkularisten, der sich auf der einen Seite für eine Trennung von Religion und Politik ausspricht, der aber auf der anderen Seite sich nicht als Atheist missverstanden sehen will, sondern im Gegenteil sich als einen Muslim begreift, der will, dass der Islam die Gesellschaft, das Leben der Menschen bestimmt (und nicht zu einer Sache der Innerlichkeit, zur reinen Privatsache wird.) Da Abu Zaid glaubt, der Islam sei eine emanzipatorische Religion, die in Richtung Aufklärung, Gerechtigkeit und Freiheit weise, hofft er darauf, dass er zu einer die Gesellschaft verändernden, verbessernden Kraft werden wird - und will seinen Teil dazu beitragen, in-

---

5 Auf das Problem, wie die verschiedenen Dimensionen theoretisch voneinander abgegrenzt werden können, geht Abu Zaid in einer Fußnote ein, wo er folgenden "operationellen Vorschlag" (215) macht: Die theoretischen Grundlagen (Inhalte) seien für den religiösen Diskurs unhintergehbar. Sie aufzugeben hieße, sich außerhalb seiner selbst zu stellen, d.h. vom Glauben abzufallen. Die Mechanismen hingegen könnten flexibel gehandhabt werden. Das Kriterium unhintergehbar/variabel hilft jedoch nur zur Unterscheidung der ersten beiden Dimensionen von der dritten und trifft zudem nicht den Kern der Differenz.

6 Die klare Sprache, die Abu Zaid an einigen Stellen spricht - so wenn er Begriffe wie "Betrug" (26) etc. verwendet -, ist jedoch weniger auf diesen Standpunkt zurückzuführen, sondern verdankt sich der aus der Analyse gewonnen Kritik des religiösen Diskurses.

dem er sich bemüht, das entsprechende Potential, das der Islam enthält, vom religiösen Diskurs jedoch verschüttet wurde, wieder freizu-
legen. Der islamische Glaube und das Interesse an Veränderung der
Gesellschaft sind bei Abu Zaid - wie bei der islamischen Linken, auf
die er im zweiten Kapitel ausführlich eingeht und an der er ihr instru-
mentelles Verhältnis zur Religion kritisiert - auf das Engste miteinander verbunden.

II.

1. Bei der Durchführung seines Vorhabens beginnt Abu Zaid mit der
Analyse der Diskursmechanismen,[7] von denen er den ersten als "die
Vereinheitlichung von Denken und Glauben" bezeichnet. Es sind zwei
Dinge, die Abu Zaid im Auge hat, wenn er von diesem Mechanismus
spricht. Zum einen die Ausdehnung des Geltungsbereiches des Islam:
In der Frühzeit des Islam habe man noch ein stabiles Wissen davon
gehabt, dass der Islam, genauer: die koranische Offenbarung nicht auf
alle Fragen eine Antwort gibt und es deshalb notwendig ist, in den
offenen Frage sich der Hilfe der Vernunft zu bedienen. Dieses Bewusstsein sei jedoch mit der Zeit verloren gegangen. Zum anderen
habe es in den ersten Jahrhunderten des Islam eine Pluralität von kon-
kurrierenden Interpretationen gegeben, wohingegen in späteren Zeiten
die Rede von "dem Islam" aufgekommen sei. Diese Vereinheitlichung
aber trage autoritäre Züge, insofern alternative Interpretationen nicht
anerkannt werden, und diene der Macht des Klerus, der das Interpretationsmonopol im Islam gewonnen habe.
Um diese Phänomene besser zu verstehen, scheint es mir angebracht,
zwischen demjenigen zu unterscheiden, was allgemein ist, sich also in
einer jeden Religion findet, und dem Besonderen, das allein den Islam
kennzeichnet. Dass eine Religion bestrebt ist, für alles eine Erklärung
zu bieten und sämtliche Bereiche der Wirklichkeit zu durchdringen,
scheint mir ein allgemeines Phänomen zu sein. Eine (monotheistische)
Religion ohne Totalitätsanspruch ist schwer vorstellbar. Das für den
Islam Spezifische besteht jedoch darin, wie er diesen Totalitätsan-

---

7 Weil er vermutet, dass sie - und nicht die Inhalte - das Fundierende sind.

spruch im Bereich der Praxis[8] wahrzunehmen, d.h. wie er das Handeln der Gläubigen zu regulieren versucht: mittels kasuistischer Normen, die auf der einen Seite einen rechtlichen Charakter besitzen - in der Entstehungszeit wurde der göttliche Wille zu der einzigen Quelle legitimen Rechts erklärt - und die auf der anderen Seite von dem Vorbild abgeleitet werden, welches der Prophet mit seiner Lebensführung bot. Daraus ergibt sich das Problem, dass in Bezug auf noch nicht normierte Bereiche oder neu auftretende Konstellationen stets konkrete Normen neu gefunden werden müssen - dafür wären aber Institutionen erforderlich gewesen, die jeweils flexibel auf die diversen Fälle zu reagieren vermögen. Das Entstehen solcher Institutionen wurde jedoch verhindert dadurch, dass die Rechtsentwicklung in der Entstehungszeit in die islamische Religion eingebunden wurde[9], so dass eine Ausdifferenzierung des Rechts nicht stattfinden konnte.

Nicht die "Vereinheitlichung von Denken und Glauben" allgemein ist das Problem, sondern die konkrete Verflechtung von Glauben und Handeln, wie sie zur Zeit des Propheten entstand - aus ihr erklärt sich, dass der religiöse Diskurs das Verhalten des Propheten als verbindliches Muster propagieren kann und sich zudem gegen die Ausdifferenzierung des Rechts wendet.

Auch dass von "dem Islam" gesprochen wird, ist nicht verwunderlich. Sicher gab es in der Frühzeit des Islam eine Vielzahl von unterschiedlichen Interpretationen (und lassen sich auch gegenwärtig - in anderer Hinsicht - verschiedene Ausprägungen des Islam nachweisen.) Doch dass es damals diese Vielzahl gab, wird die Gläubigen zu dieser Zeit so wenig wie heute davon abgehalten haben, ihr Verständnis vom Islam für das einzig wahre zu halten. Ein solcher Anspruch ist mit jeder (monotheistischen) Religion verbunden. Wer eine solche konsequent vertritt, kann keine stark abweichenden Vorstellungen anerkennen (wie der eine Gott keine anderen Götter neben sich duldet.) Aus

---

8 Und auf diesen Bereich bezieht sich Abu Zaid, wenn er die in der Frühzeit diskutierte Frage anspricht, ob Mohammed bestimmte Handlungen gemäß der Offenbarung oder nach eigenem Gutdünken vollbrachte. Im ersteren Fall würden sie einen verbindlichen Charakter für alle Gläubigen besitzen.

9 Deren Fortentwicklung wurde wiederum durch das Dogma, nach Mohammed könne es keine weiteren Propheten mehr geben, stark gebremst.

diesem Anspruch die Stellung des "Klerus" abzuleiten, der auf ihn seine Autorität stütze, ist gewagt - nicht nur weil von einem Klerus zu sprechen nur möglich wäre, wenn es auch eine Kirche gäbe, innerhalb derer das Amt des Klerikers institutionalisiert ist, sondern auch, weil die Autorität der Imame und Rechtsgelehrten viel komplexere Ursachen hat - z.b. schon diejenige, dass der Laie schon aufgrund der Struktur des heiligen Textes, der Anordnung der Suren nach dem Prinzip der abnehmenden Länge etc., nur schwer einen selbständigen Glauben entwickeln und sich von der Führung und Bevormundung durch diejenigen, die den Text über längere Zeit hinweg studiert haben, befreien können. Wenn der Anspruch, die alleinige Wahrheit zu besitzen, auch nicht die Ursache für die Macht der Geistlichen ist, so dient er doch ohne Frage deren Festigung.

Obwohl also die von Abu Zaid aufgegriffenen Phänomene m.E. anders erklärt werden müssen, können sie als Diskursmechanismen in dem Sinne begriffen werden, dass sie Strukturmomente von Religion, speziell auch von der Religion des Islam sind, die das Denken der Gläubigen und die Aussagen des religiösen Diskurses bestimmen.

2. Die "Rückführung aller Phänomene auf eine einzige Primärursache" ist der zweite von fünf Diskursmechanismen, welche nach Abu Zaid den religiösen Diskurs strukturieren und regulieren. In allen Religionen werde die Existenz der Welt auf eine primäre Ursache zurückgeführt, doch allein im Islam, genauer: im religiösen Diskurs wird nicht nur die Schöpfung der Welt, sondern ein jedes Phänomen unmittelbar als Produkt göttlichen Handelns erklärt. Diese Vorstellung von einem totalen Determinismus führt Abu Zaid auf jene spezifische Richtung islamischen Denkens zurück, die seit dem 11. Jahrhundert zu der herrschenden geworden ist, den Ascharismus. Diese Vorstellung habe negative Folgen für die menschliche Erkenntnis gezeigt: Da alles durch das Wirken Gottes erklärt wurde, wurden sämtliche Gesetzmäßigkeiten - sowohl in der Natur als auch im Handeln der Menschen und im Leben der Gesellschaften - negiert (Regelmäßigkeiten lassen allein auf Gewohnheiten Gottes schließen). Die Erforschung von Gesetzmäßigkeiten wurde dadurch behindert, dass ihr gewissermaßen der Gegenstand entzogen wurde.

Auch in diesem Punkt wäre es angebracht, differenzierter zu argumentieren, zu unterscheiden zwischen dem, was allgemein ist und dem, was eine Besonderheit des Islam darstellt. Freilich ist es unstrittig,

dass alle Religionen eine Antwort auf die Frage geben, wie die Welt entstanden ist. Insofern nennen alle Religionen eine "Primärursache" der Welt. Doch in diesem Sinne von "Primärursache" zu sprechen, wäre nichtssagend. Eine solche Primärursache wäre nicht notwendig ein Prinzip, eine generative Struktur, die als Diskursmechanismus bezeichnet werden kann. Die Idee des Monotheismus ist jedoch ein solches Prinzip: Sie strukturiert tatsächlich das Denken, von ihr geht eine vereinheitlichende, systematisierende Wirkung aus, dergestalt dass sämtliche Fragen, auf die eine Religion eine Antwort geben muss - also die drei Fragen: Woher kommen wir? Wer sind wir? Wohin gehen wir?[10] - von ihm aus beantwortet werden (der eine Gott steht am Anfang, vollzieht das Schöpfungswerk, er steht am Ende usw. usf..) Dennoch kommt es freilich nicht notwendig in jeder monotheistischen Religion zu einem totalen Determinismus, wie sowohl das Judentum als auch das Christentum zeigt. Die Frage, warum es im Islam - und nur in ihm - zur Vorstellung eines totalen Determinismus kommt, stellt Abu Zaid freilich nicht - ihr an dieser Stelle nachzugehen, würde zu weit führen. Nur das Bedenken, ob es ausreicht, auf die ascharitische Theologie zu verweisen, den Koran aber außer acht zu lassen, soll hier angemeldet werden.
3. Als dritten Mechanismus nennt Abu Zaid "die Abhängigkeit von der Autorität des 'Erbes' und der Altvorderen". Gemeint ist damit, dass den überlieferten Texten, dem "Erbe", eine Autorität, ja, Heiligkeit zugesprochen wird, aus der abgeleitet wird, dass es verboten sei, sie neu zu interpretieren und zu diskutieren. Dies wird von Abu Zaid als ideologisch gebrandmarkt, insofern einerseits nur einem bestimmten Teil des Erbes diese Autorität verliehen wird, anderseits das Verbot der Interpretation zur Stärkung der Autorität der Gelehrten führt. Da notwendig immer interpretiert wird, ist allein fraglich, wer dies tut. Indem der religiöse Diskurs ein Interpretationsverbot verhängt, verschafft er sich ein Interpretationsmonopol und sichert so seine Macht. Diese Zusammenhänge sind ohne Zweifel gegeben, nur wüsste man gerne mehr. Der Mechanismus ist grob benannt - es ist nun einer, der auf der dritten, der pragmatischen Ebene anzusiedeln ist -, doch erklärt Abu Zaid leider nicht, wie er funktioniert. Bei genauerer Betrachtung

---

10 Siehe hierzu den oben bereits erwähnten Text von Ulrich Oevermann.

lässt sich erkennen, dass es für die Herleitung der Autorität eines Textes mehrere Mechanismen gibt. So wird etwa im Koran der Mechanismus angewendet, dass Mohammed behauptet im Namen Gottes zu sprechen. Die Autorität des Textes wird unmittelbar von derjenigen Gottes abgeleitet. Da seine Zuhörer nicht unmittelbar bereit sind, diese Autorität (als die alleinige) anzuerkennen, ist er genötigt, auf andere Mechanismen zurückzugreifen. Nach einiger Zeit gelingt es jedoch Mohammed, sowohl für den Text als auch für seine eigene Person Autorität zu gewinnen, so dass in der Folge die Hadith-Texte einen anderen Mechanismus in Anwendung bringen können: Nun dient eine Kette von Überlieferern, welche vor jedem Text steht, der von einem Ereignis aus dem Leben des Propheten berichtet oder der wiedergibt, was er ausgesprochen haben soll, dazu, die Autorität des Textes zu sichern. Idealiter sollte die Kette lückenlos bis auf einen der Prophetengefährten zurückgehen, so dass die Autorität des Textes unmittelbar abgeleitet werden kann von derjenigen des Propheten, von dem der Prophetengefährte erfahren hat, was berichtet wird.

Wenn der gegenwärtige religiöse Diskurs nun die Heiligkeit insbesondere dieser Texte behauptet, so kann er darauf bauen, dass die Grundlage dafür schon in den Texten selbst gelegt ist. Er kann sich damit begnügen, einen weniger anspruchsvollen Mechanismus zu betätigen: die Methode der Beharrung und der unnachgiebigen Bekräftigung.

4. Dieser Mechanismus steht demjenigen nahe, den Zaid an vierter Stelle erwähnt, dem "der theoretischen Gewissheit und der apodiktischen Entschiedenheit". Auch auf diesen Mechanismus trifft zu, dass er eindeutig von der inhaltlichen Ebene getrennt werden kann (mit der er freilich indirekt verbunden bleibt) und die Funktion hat, Zweifel, die angesichts des Inhalts aufkommen könnten, zu unterbinden bzw. still zu stellen. Mit Gewissheit aufzutreten, mit Entschiedenheit zu sprechen, liegt auf der Ebene der Performanz von Sprechakten, der Art, wie sie ausgeführt werden. Es kennzeichnet nun diesen Mechanismus, dass er äußerst unscheinbar und zudem äußerst wirksam ist. Ersteres resultiert eben daraus, dass er sich nicht konkret zeigt, nicht so deutlich zum Vorschein kommt wie der propositionale Gehalt des Sprechaktes. Außerdem ist er so normal und alltäglich, dass kaum auffällt, dass überhaupt ein besonderer Mechanismus angewendet wird. Gerade in seiner Unscheinbarkeit liegt auch der Grund für seine Wirksamkeit, die darin besteht, dass er alle Einwände abprallen lässt -

die Überzeugung ist durch nichts zu erschüttern, für den Opponenten heißt das: Er "redet gegen eine Wand".

Nach Abu Zaid kommt dieser Mechanismus allerdings nur bedingt zur Anwendung: Geht es um Nebensächlichkeiten, ist der religiöse Diskurs durchaus bereit, von Positionen abzurücken, auf Argumente von Opponenten einzugehen. Doch in Bezug auf Essentials kennt der religiöse Diskurs keine Diskussionen - auf dieser Ebene geht er zu einer "Sprache der Gewissheit, der Sicherheit und Endgültigkeit" (52) über. Die diesem Mechanismus entsprechende Haltung ist eine autistische. Sie herrscht vor, wenn die Parole "Der Islam ist die Lösung" ausgegeben wird, ohne dass die Krise, aus welcher der Islam herausführen soll, mitsamt ihren Ursachen in den Blick genommen wird. Würde man sich ihr stellen, würde man rasch erkennen, dass sie viel zu komplex ist, als dass eine so simple Parole aus ihr herausführen könnte. Letztlich wäre es erforderlich - so kann man Abu Zaids Überlegungen ergänzen -, Verfahren zu institutionalisieren, in denen Krisenlösungen gefunden werden, die ihre Legitimität aus einer anderen Quelle beziehen - dem Volkssouverän - und es ermöglichen, auf sich verändernde Situationen je flexibel und der Situation angemessen zu reagieren, sprich: demokratische Institutionen der Willensbildung einzuführen.

5. Der fünfte und letzte Mechanismus wird von Zaid als "die Preisgabe der historischen Dimension" bezeichnet. M.E. lässt sich dieser Mechanismus mit keiner der zu Beginn unterschiedenen Ebenen in Verbindung bringen, ist eher zu bestimmen als ein hermeneutisches Prinzip, das in Verbindung mit dem dritten Mechanismus (den überlieferten Texten wird eine absolute Autorität zugesprochen) dazu führt, dass Elemente aus der Vergangenheit umstandslos auf die Gegenwart bezogen werden. In diesem Bezug findet gleichzeitig eine Vereinheitlichung statt (erster Mechanismus). Diese Elemente erscheinen dann als die verbindliche Einheit "der Islam".

Abu Zaid macht unmissverständlich klar, dass, wer so verfährt, sich aus der Geschichte herauskatapultiert. Die Wirklichkeit, wie sie aktuell gegeben ist, wird negiert, ihre Veränderung blockiert. Statt dessen aber wird die Macht des religiösen Diskurses, die Macht der Religionsgelehrten stabilisiert - ein riesengroßer Betrug.

III.

Auf die inhaltlichen Vorstellungen des religiösen Diskurses, seine Grundannahmen näher einzugehen, ist weniger erforderlich, da sie kaum Verständnisschwierigkeiten bieten.

Abu Zaid erhebt nicht den Anspruch, alle Grundannahmen herauszuarbeiten, sondern konzentriert sich auf zwei Punkte. Der erste ist gewissermaßen die inhaltliche Entsprechung zu dem, was er als Diskursmechanismen beschrieben hat, insofern der Fluchtpunkt derselbe ist. War er im ersten Teil seiner Analyse zu dem Ergebnis gekommen, dass die Mechanismen des religiösen Diskurses die Macht der religiösen Gelehrten stabilisieren, kommt er zu demselben Schluss im Hinblick auf das Konzept der Gottesherrschaft. Die Behauptung der absoluten, uneingeschränkten Herrschaft Gottes führt in letzter Konsequenz zu der Negation der Eigenständigkeit von Natur und Mensch. Da aber das Mittel der Herrschaft die Offenbarung ist, geht sie unmittelbar über in die Hände derer, die sie interpretieren (und mittels der beschriebenen Mechanismen alle anderen von der Interpretation ausschließen). Doch auch die politisch Mächtigen können sich dieses Konzept so für sich zunutze machen, dass es zu einem stabilisierenden Faktor für ihre Herrschaft wird: Sie instrumentalisieren es zum Zweck der Legitimation ihrer Herrschaft (wie Abu Zaid am Beispiel Sadats zeigt.)

Der zweite Punkt wird bezeichnet als "der Text". Auf die dazu gemachten Ausführungen soll hier nicht näher eingegangen werden, da sie sich zum einen teilweise mit denen decken, die bereits im Zusammenhang mit den fünf Mechanismen erörtert wurden, zum anderen können sie teilweise auch im Rahmen der Erörterung methodologischer Fragen, zu der nun übergegangen werden soll, aufgegriffen werden.[11]

---

11 Es ist auch nicht ersichtlich, inwiefern der Text eine inhaltliche Grundannahme darstellt.

IV.

In dem dritten Kapitel des Buches geht Abu Zaid noch einmal ausführlich auf methodologische Fragen ein.[12] Doch kommt die Methode, die er zuvor praktisch angewendet hat, die Unterscheidung zwischen den drei Ebenen - Semantik, Logik und Pragmatik - hier nicht zur Sprache. Statt die in der Einführung angestellten methodologischen Überlegungen auf dem Weg über die Reflexion dessen, was er in den Analysen getan hat, zu vertiefen, nimmt er nun eine Einengung vor. Bezug genommen wird allein auf die inhaltliche Ebene und zwar - wie mir scheint - unter der Fragestellung: Welche Methoden sind notwendig, um dem religiösen Diskurs auf der inhaltlichen Ebene widersprechen zu können. Die Methodologie wird darauf reduziert, das Handwerkszeug im Streit um die richtigen Interpretationen mit dem bzw. in dem religiösen Diskurs zu liefern - letztlich die Macht des religiösen Diskurses zu brechen und der Aufklärung den Weg zu bahnen. Abu Zaids Methodologie möchte ich in vier Punkte gliedern: 1. der Textbegriff, 2. wörtliche und metaphorische Interpretation, 3. die "Richtung" des Textes und 4. das "Enthüllen" und "Verhüllen".

1. Wie schon zu Beginn erwähnt, unterscheidet Abu Zaid deutlich den Text, also den Koran von seinen Interpretationen (dem religiösen Diskurs). Der Text spricht nicht für sich, er bedarf der Interpretation. Eine solche Interpretation sei möglich, da sich Gott um sich offenbaren zu können des Mediums der Sprache bedient hat.

Die Notwendigkeit von Interpretation - und damit des Einsatzes der Vernunft - will Abu Zaid mit der Behauptung stützen, schon der Prophet Mohammed habe eine Interpretation vollzogen, als er das göttliche Wort in ein menschliches transformierte. Diese Behauptung ist jedoch durch den Text des Koran in keiner Weise gedeckt. Dort erscheint das Handeln des Propheten vielmehr als die vorschriftsmäßige Ausführung eines Amtes und es wird auf verschiedene Weise deutlich

---

12 Im zweiten Kapitel widmet sich Abu Zaid einer besonderen Strömung innerhalb des religiösen Diskurses, der islamischen Linken in der Hoffnung durch seine Kritik die positiven Ansätze, die er dort sieht, weiterführen zu können. Da er in diesem Kapitel kaum die zuvor eingeführte Methode verwendet, vielmehr weitgehend auf der inhaltlichen Ebene entgegnet, kann eine nähere Beschäftigung mit ihm hier ausbleiben.

gemacht, dass Mohammed nichts anderes tut, als etwas Vorgegebenes haargenau zu reproduzieren. Alles wird dafür getan, dass ja nicht der Verdacht entsteht, Mohammed interpretiere an der göttlichen Botschaft herum. Mit Zaid gegen Zaid kann man sagen, dass ein wesentlicher Mechanismus, dessen der Koran sich bedient, um Zweifel auszuschließen, eben darin besteht, deutlich zu machen, dass der Koran wirklich Gottes Wort ist - ohne irgendeine Beimischung, die auf den Propheten zurückgeführt werden könnte.

Abu Zaids Strategie, seinen methodischen Ansatz dadurch zu stützen, dass er auf den Propheten verweist und sich durch dessen Autorität abzusichern versucht - statt seine Methode systematisch auszuarbeiten -, ist wenig überzeugend.

2. An vielen Stellen verfährt Abu Zaid auf ähnliche Weise: Statt einen Gedanken systematisch auszuführen, beruft er sich auf Traditionen, in denen dieser Gedanke bereits vorweggenommen wurde. Von zentraler Bedeutung ist dabei für ihn die Tradition des islamischen Rationalismus, der Mu'tazila. Auf sie stützt er sich auch, wenn er ein Klassifikationsmodell vorstellt, mit dessen Hilfe sich Koranstellen einteilen lassen in Bezug darauf, wie sie interpretiert werden können: Stellen, die nur eine Bedeutung haben, Stellen, die zwei haben. (Das Verhältnis dieser zwei kann unterschiedlich ausfallen.) An anderer Stelle unterscheidet er zwischen dem, was dem historischen Kontext verhaftet ist, und dem, was nicht an ihn gebunden ist, was zeitlos ist. Auf diese Vorschläge näher einzugehen, ist nicht erforderlich, es genügt festzuhalten: Es gibt nicht nur eine Bedeutungsebene, sondern mehrere, eine Interpretation sollte sich nicht auf das Festhalten der wörtlichen Bedeutung des Textes beschränken, sondern auch mittels metaphorischer Deutung zu tieferen Bedeutungsebenen vordringen (soweit dies möglich ist).

3. Eine tiefergehende Interpretation stellt Abu Zaid sich so vor, dass die "Richtung"[13], die der Text einschlägt, bestimmt wird. Sie wird erkennbar, wenn der Text in Bezug gesetzt wird zu dem, was bisher galt, zum Kontext. So weise etwa das islamische Erbrecht, in dem der Frau, die zuvor nicht erbberechtigt war, ein Teil des Erbes zugespro-

---

13 Begrifflich wird der "Gehalt", den eine solche Interpretation freilegt, von dem "Sinn", den die wörtliche Lesart bestimmt, unterschieden.

chen wird, in Richtung auf die Gleichstellung der Geschlechter. Für Abu Zaid ist dieses Beispiel nur eines von vielen, die sich geben ließen, denn der Koran sei grundsätzlich auf Aufklärung, Freiheit und Gerechtigkeit hin gerichtet.

Hätte Abu Zaid jedoch die im ersten Kapitel angewendete Methode auch konsequent auf den Text des Koran angewendet, dann hätte sich für ihn ein anderes Bild ergeben, weil sich dann zeigen würde, dass die vom Text verwendeten Mechanismen verhindern, dass die eingeschlagene Richtung auch weiter verfolgt werden kann.

4. Die Interpretation ist ein Prozess, in dem auf der einen Seite Bedeutungen "enthüllt", freigelegt, auf der anderen Seite Bedeutungen "verhüllt" werden. Interpretationen sind stets selektiv.

Diese Feststellung setzt freilich die Auffassung vom Text als einer objektiven Gegebenheit voraus, denn nur mit Bezug auf einen feststehenden Fundus an Bedeutungen kann von einer Differenz von Ver- und Enthüllen gesprochen werden.

Die Selektivität der Interpretationen erklärt Abu Zaid damit, dass sie jeweils aus einer historisch und kulturell besonderen Perspektive mit ihrem je eigenen Horizont des Verstehens vollzogen wird. Diese hermeneutische Vorstellung ist ohne Frage richtig. Doch lässt sich die religiöse Interpretation genauer bestimmen: Der Text wird ausgelegt im Hinblick auf die sich immer wieder neu und anders stellenden Fragen der Praxis. Da die Praxis vor stets neuen Entscheidungssituationen steht, bedarf es immer wieder einer diesen veränderten Bedingungen angemessenen konsistenten neuen Auslegung des Textes. Die Interpretation besteht dann in der Vermittlung eines im Text angelegten Deutungsschemas mit den Fragen der Gegenwart, dergestalt dass eine Vorgabe für die praktischen Entscheidungen, vor die die Gläubigen gestellt sind, gegeben wird.

Diese Präzisierung ist wichtig, insofern von diesem Modell der Interpretation das wissenschaftliche abgehoben werden kann: Der Wissenschaftler steht nicht unter Entscheidungsdruck, er ist handlungsentlastet und dadurch in die Lage versetzt, die Bedeutungsvielfalt des Textes zu "enthüllen". Die Selektivität der Interpretation entsteht ja gerade durch den Bezug auf praktische Probleme, auf anstehende Entscheidungen - Entscheidungen sind nur möglich auf der Basis einer eindeutigen Interpretation. Eine wissenschaftliche Interpretation aber, die verschiedene Bedeutungsdimensionen ausleuchtet, bietet keine Entscheidungshilfe, im Gegenteil: Sie macht die Entscheidung schwieriger, ja, macht sie letztlich unmöglich.

Was bedeuten diese Überlegungen für eine Interpretation des Koran? Wenn Abu Zaid behauptet, dass der Text, der Koran die Religion ist (und nicht das, was aus ihm gemacht wurde, die Interpretationen), hat er damit insofern Recht, als die Offenbarungen einen Praxisbezug haben (ebenso wie die späteren Interpretationen). Der Text ist daraufhin angelegt, eine Praxis zu leiten. Allein, der Text selbst ist noch nicht die Religion, er wird erst zu ihrer Grundlage durch seine Interpretation. Dies gilt zum einen grundsätzlich, zum anderen aber u.a. auch wegen der Inhomogenität des Korantextes, der sich aus einer Vielzahl von Textfragmenten zusammensetzt, die zum Teil immer wieder dasselbe thematisieren, zum Teil aber auch differente Themen behandeln oder dieselben Themen auf verschiedene Weise ansprechen.[14] Der historische Prozess der Homogenisierung der im Text enthaltenen Bedeutungsstrukturen zu einem relativ einheitlichen, allgemein gültigen Dogma erstreckte sich über mehrere Jahrhunderte - vermittelt freilich über Auseinandersetzungen zwischen (punktuell) gegensätzlichen Lesarten des Textes. Dass im Verlauf dieser formativen Phase auch politische Faktoren eine Rolle spielten, darauf weist Abu Zaid mehrfach hin. Fraglich ist jedoch, ob die Schlacht von Siffin, in der sich die Truppen Alis, des vierten Kalifen, und Mu'awiyyas, des Gouverneurs von Damaskus und späteren ersten Kalifen der Umaiyyaden, gegenüberstanden, als "Sündenfall" in der Geschichte des Islam gesehen werden kann. In Abu Zaids Darlegungen erhält dieses Ereignis den Charakter einer Schlüsselszene für die islamische Geschichte: Indem die Soldaten Mu'awiyyas den Koran auf ihre Lanzen-

---

14 Wenn Abu Zaid mit einer wissenschaftlichen Interpretation des Koran den Islam zu erneuern intendiert, so liegt dem an sich eine Vermischung von Wissenschaft und Praxis zugrunde - auf der einen Seite ist die Wissenschaft (aus den oben genannten Gründen) nicht dazu geeignet, dies zu vollbringen, auf der anderen Seite hat diese Vermischung, wie ich zu zeigen versucht habe, für die wissenschaftliche Erkenntnis negative Folgen. Dennoch darf natürlich nicht übersehen werden, dass nicht nur die Wissenschaft zu praktischen Zwecken instrumentalisiert wird, zu einem Diskursmechanismus wird, der die Erneuerung der Religion stützen soll, sondern dieser Gebrauch auch ein notwendiges Übergangsstadium sein könnte auf dem Weg zu einer konsequenten Autonomisierung der Wissenschaft.

spitzen steckten, machten sie Gott zum Schiedsrichter in einem Konflikt um die politische Macht, wurde zum ersten Mal der Islam für politische Zwecke instrumentalisiert - was zu einer Tradition wurde, in der auch der religiöse Diskurs der Gegenwart zu sehen ist. Doch reichen nicht die Spuren für die Verbindung von Religion und Politik bis zum Koran zurück, werden nicht dort schon die Weichen für die spätere Entwicklung gestellt?[15]

V.

Der "Fall" Abu Zaids, welcher in dem Vorwort zu der soeben erörterten Studie in groben Zügen dargelegt wird, lässt sich nun vor dem Hintergrund des Gesagten verstehen. Er nahm seinen Anfang damit, dass ein Antrag Abu Zaids auf Beförderung zum Professor an der Al-Azhar Universität in Kairo abgelehnt wurde auf der Basis eines Gutachtens, in dem ihm der Vorwurf gemacht wurde, ein Apostat zu sein. Dieser Vorwurf wurde daraufhin in den öffentlichen Medien des Landes verbreitet. Außerdem wurde in der Absicht, eine offizielle Bestätigung des Apostasievorwurfes zu bewirken, eine gerichtliche Scheidung der Ehe von Abu Zaid angestrebt. Weil eine Ehe zwischen einem nicht-muslimischen Mann und einer muslimischen Frau gemäß der Scharia unrechtmäßig ist, sollte in diesem Verfahren eine Prüfung des Glaubens von Abu Zaid durchgeführt werden. Inzwischen ist das Verfahren abgeschlossen worden - tatsächlich haben die Gerichte letztlich gegen Abu Zaid entschieden und seine Ehe für unrechtmäßig erklärt. Der Vorwurf der Apostasie kann als ein Mechanismus begriffen werden, der darauf zielt, den Getroffenen aus dem Diskurs auszugrenzen. Wird er erfolgreich angewendet, so reichen seine Folgen jedoch weiter, denn mit dem Ausschluss aus der Gemeinschaft der Gläubigen gerät der Apostat (bzw. derjenige, der zu einem solchen erklärt wurde) in Lebensgefahr, insofern derjenige sich nicht im religiösen Sinne

---

15 In der Studie, auf die eingangs bereits Bezug genommen wurde, habe ich gezeigt, dass die Vernunft nur dann davor gefeit gewesen wäre, zu einem Anhängsel der Politik zu werden, wenn die Prophetie Mohammeds mit einem einzigen Diskursmechanismus, dem Charisma, ausgekommen wäre und sich nicht auf weitere Mechanismen - insbesondere den der Beglaubigung durch politischen Erfolg - gestützt hätte.

schuldig machen würde, der dem Apostaten das Leben nimmt. (Der Apostat genießt noch den Schutz des Staates, nicht aber mehr den der Glaubensgemeinschaft.) Im Fall von Abu Zaid ist dies von gemäßigter Seite bestätigt und so ein Freiraum geschaffen worden - und Radikale haben bereits zu erkennen gegeben, dass sie willig sind diesen Freiraum auch wahrzunehmen.[16] Die Einleitung eines Gerichtsverfahrens liegt also in der Verlängerung der genannten Mechanismen, ja, der Mechanismus des Rechts bildet mit ihnen eine Einheit, insofern er zu demselben Zweck eingesetzt wird wie diese: der Wahrung der Autorität der Religion, des religiösen Diskurses bzw. der Geistlichen und Rechtsgelehrten. Auf diese Weise soll verhindert werden, dass die Mechanismen des Diskurses außer Kraft gesetzt werden, soll ihre Wirksamkeit erhalten bzw. verstärkt werden.

---

16 Dies zeigt, wie nahe sich die Gemäßigten und die Radikalen stehen, gibt Abu Zaid also Recht, der letztere nicht unabhängig von ersteren verstanden sehen will. Auf der anderen Seite wird aber auch deutlich, dass ein tiefer Graben beide trennt - jener, der zwischen Wort und Tat liegt.

Das Problem der Legitimation einer wissenschaftlichen Analyse des Koran

Zu "Offenbarung als Kommunikation. Das Konzept *wahy* in Nasr Hamid Abu Zayds *Mafhum an-nass*" von Navid Kermani[1]

Navid Kermani hat sich zur Aufgabe gemacht, in das Werk des ägyptischen Literaturwissenschaftlers Nasr Hamid Abu Zayd[2] einzuführen und speziell ein Kapitel aus dessen Studie Mafhum an-nass, das dem Begriff der Offenbarung gewidmet ist, zu erörtern. Darüber hinaus ist es seine Absicht, die Frage zu beantworten, warum das Werk von Abu Zayd zum Gegenstand einer politischen Auseinandersetzung geworden ist. Der politische Hintergrund macht freilich eine wissenschaftliche Behandlung des Werkes von Abu Zayd schwierig. Für Kermani stellt sich das Problem, dass er auf der einen Seite sich zur Solidarität mit Abu Zayd verpflichtet fühlt, auf der anderen Seite sich aber kritisch mit ihm auseinandersetzen möchte, was als Verletzung der Solidaritätsverpflichtung wahrgenommen werden könnte. Doch gerade indem er Kritik an Abu Zayd übt, praktiziert Kermani diejenige Form von Solidarität, die er als Wissenschaftler primär wahrnehmen kann, denn so bringt er zum Ausdruck, dass er ihn als Wissenschaftler ernst nimmt. Kermani führt diese kritische Auseinandersetzung, indem er nicht nur Abu Zayd geistesgeschichtlich einordnet (als Neomu'tazilit o.ä.), sondern darüber hinaus sachlich seine Argumente zur Kenntnis nimmt und überprüft. Mein Eindruck ist jedoch, dass diese Auseinandersetzung noch konsequenter geführt werden könnte. Hilfreich könnte sein, sich klarer vor Augen zu führen, wann Abu Zayd tatsächlich als Wissenschaftler und wann er als Muslim argumentiert. Dann wür-

---

1 Kermani, Navid, *Offenbarung als Kommunikation. Das Konzept* wahy *in Nasr Hamid Abu Zayds* Mafhum an-nass, Frankfurt/M. Berlin Bern New York Paris Wien 1996.

2 Die andere Schreibweise könnte irritieren, es ist aber freilich ein und dieselbe Person, deren arabischer Name im Deutschen unterschiedlich - Abu Zaid und Abu Zayd - wiedergegeben wird.

de ersichtlich, dass Abu Zayd auf einer Schwelle steht: Er ist auf dem Weg zu einer wissenschaftlichen Behandlung des Koran, um deren Legitimität er sowohl mit wissenschaftlichen als auch mit religiösen Argumenten kämpft.

Folgt man Kermani, so besteht das zentrale Anliegen Abu Zayds darin, die Autorität der traditionellen Interpretationen - insbesondere der Hadithe - zu schwächen und kehrseitig dazu die Legitimität einer sich der Vernunft bedienenden Interpretation zu stärken. Es liegt auf der Hand, dass dieses Anliegen der Situation geschuldet ist, in der Abu Zayd schreibt - in ihr ist es eben nicht selbstverständlich, den Koran mit den Mitteln der Vernunft zu erschließen. Von einem wissenschaftlichen Standpunkt aus betrachtet wäre eine solche Rechtfertigung überflüssig, denn für die Wissenschaft ist konstitutiv, dass das Prinzip der Autorität nicht anerkannt wird. Hier aber müssen die Hindernisse, die einer wissenschaftlichen Behandlung des Koran im Wege stehen, erst beiseite geräumt werden. Das hat zur Folge, dass die Argumente, die Abu Zayd vorbringt, weder nur wissenschaftlich noch allein religiös sind. So ist das Argument, den traditionellen Interpretationen eine absolute Autorität beizumessen, sei eine Form des Polytheismus, ohne Frage ein theologisches, denn es ist nur schlagkräftig, wenn der "Empfänger" ein Muslim, d.h. ein strenger Monotheist ist. Unklar ist, an wen sich das (in Anlehnung an J. Lotman formulierte) Argument richtet, die gegenwärtigen Interpretationen hätten sich von den traditionellen zu lösen, weil Interpretationen von Texten im Allgemeinen und des Koran im Besonderen historisch und individuell variieren. Denn der Wissenschaftler, der gewohnt ist, Texte in ihrem Kontext zu sehen, ist durch die traditionellen Interpretationen nicht gebunden. Der Gläubige hingegen erkennt zwar deren Autorität an, doch ob er sich von einem Argument, das letztlich auch auf den Koran bezogen werden kann, überzeugen lässt, ist äußerst fraglich.

Theologisch ist auch die Behauptung, sich der Vernunft zu bedienen sei im Sinne des Koran, weil dieser aufklärerisch gewirkt und die Vernunft gestärkt habe. Denn sie präsupponiert, dass der Koran als Autorität und damit als Legitimationsquelle anerkannt wird. Die Argumentation ist in sich widersprüchlich: Sie soll den Weg für eine wissenschaftliche Behandlung des Koran ebnen, bleibt aber selbst der Religion verhaftet. Für Abu Zayd ist dieser Widerspruch wohl unvermeidlich: Sein Fall zeigt ja gerade, dass die wissenschaftliche Behandlung des Koran keine Selbstverständlichkeit ist. Doch für Kermani wäre es durchaus möglich gewesen, auf diese Widersprüchlichkeit hinzuweisen.

Die Unklarheit setzt sich fort, wenn es heißt, für eine gegenwärtige Interpretation des Koran sollten literaturwissenschaftliche Methoden herangezogen werden mit dem Ziel, die "Botschaft (...), die der Koran für die heutige Zeit beinhaltet" (12), zu erschließen. M.E. muss hier unterschieden werden zwischen einer wissenschaftlichen Analyse und einer religiösen Exegese. Nur für letztere stellt sich die Frage nach der "Botschaft" des Textes. Die Wissenschaft hingegen vermittelt keine Botschaften, sie kann grundsätzlich weder die Sinnfrage noch irgendwelche praktischen Fragen beantworten.

Auch bei der Analyse des Begriffs der Offenbarung bzw. des Begriffs *wahy* scheint mir das Anliegen Abu Zayds erkennbar zu sein, Hindernisse für eine wissenschaftliche Behandlung des Koran zu beseitigen. Das größte Hindernis besteht darin, dass der Koran als Wort Gottes betrachtet wird. Dies will Abu Zayd freilich nicht in Frage stellen. Doch mit Hilfe eines Modells von verschiedenen Kommunikationsebenen (wie es sich schon bei einigen Mu'taziliten finden lässt) - Gott-Engel-Prophet-Menschen - und einer Gliederung des *wahy* in mehrere Phasen (in Anlehnung an Ibn Haldun) - 1. Phase: die des Traumsgesichts, 2. Phase: die der Verbalisierung, die zwingend ist -, versucht Abu Zayd davon zu überzeugen, dass der Koran, auch wenn er Gottes Wort ist, in der menschlichen Sprache vermittelt wird und deswegen als geschichtlich zu betrachten und interpretierbar ist. Die Analyse des Begriffs *wahy* hat aber nicht nur legitimatorische Funktion, sondern hat auch einen wissenschaftlichen Charakter. Das gilt insbesondere für die Analyse der semantischen Felder, in denen der Begriff *wahy* in der vorislamischen Zeit und im Koran steht. Mit ihr zeigt Abu Zayd, wie dieser Begriff vom Koran aufgegriffen und neu geprägt wird.

Die Frage nach der Originalität der Thesen Abu Zayds aufwerfend stellt Kermani fest, dass ähnliche Gedanken schon früher geäußert worden sind. Mir scheint jedoch, dass die Originalität von Abu Zayd weniger auf dem Gebiet der Koranforschung als bei seiner Analyse des islamischen Denkens der Gegenwart zu entdecken ist (auf die Kermani am Ende der Arbeit kurz zu sprechen kommt.) Diese geht, was die (implizite) Methode betrifft, über Foucault hinaus und überbietet inhaltlich betrachtet eh bei weitem alles, was mir an Analysen zum Phänomen des Islamismus bekannt ist.

Abschließend versucht Kermani zu bestimmen, was die Ursache dafür gewesen sein mag, dass die Arbeit von Abu Zayd zum Politikum wurde. Mit der gebotenen Vorsicht zieht er mehrere Gründe in Erwägung, doch lässt sich sagen, dass der Hauptgrund letztlich darin liegt, dass gerade zu dem Zeitpunkt, an dem die Stimmen derer, die in dem Islam "die Lösung" sehen wollen, immer lauter werden, von Abu Zayd das Tabu durchbrochen wird, die Grundlage dieser Lösung, den Koran, mit den Mitteln der Wissenschaft zu erschließen. Da der Islam aus der gegenwärtigen Krise herausführen soll, wird die Wissenschaft als eine Bedrohung wahrgenommen, denn sie zerstört die Gewissheit, die dafür nötig wäre.

Biographische Wurzeln des "Prinzips Verantwortung"
Zu den "Erinnerungen" von Hans Jonas

I.

Der Philosoph Hans Jonas, der vor gut 100 Jahren, am 10. Mai 1903 in Mönchengladbach geboren wurde, ist nicht nur der wissenschaftlichen, sondern auch einer breiten, philosophisch interessierten Öffentlichkeit durchaus bekannt - ersterer vor allem wegen seiner religionshistorischen Studie "Gnosis und spätantiker Geist"[1], letzterer primär durch sein Buch "Das Prinzip Verantwortung"[2]. Nun sind seine "Erinnerungen"[3] erschienen, eine autobiographische Schrift, in der Jonas aus seinem reichhaltigen und bewegten Leben berichtet. Durch sie wird ein neuer Zugang zu seinem Werk möglich. Bisher konzentrierte sich die Auseinandersetzung mit seinem Werk auf historische und systematische Fragen - nach den philosophischen Traditionen, die in es Eingang gefunden haben[4], nach seinem religiösen Hintergrund[5] etc.

---

1 Jonas, Hans, *Gnosis. Die Botschaft des fremden Gottes*, Frankfurt/M. 1999.

2 Jonas, Hans, *Das Prinzip Verantwortung. Versuch einer Ethik für die technologische Zivilisation*, Frankfurt/M. 2003.

3 Jonas, Hans, *Erinnerungen, nach Gesprächen mit Rachel Salamander*, Frankfurt/M. 2003.

4 Siehe u.a. Wetz, Franz Josef, *Hans Jonas zur Einführung*, Hamburg 1994; Albert, Claudia, *Hans Jonas*, in: *Metzler Philosophen Lexikon. Von den Vorsokratikern bis zu den neuen Philosophen,* Stuttgart Weimar 1995, s. 431-435; Gethmann-Siefert, Annemarie, *Ethos und metaphysisches Erbe. Zu den Grundlagen von Hans Jonas' Ethik der Verantwortung*, in: Schnädelbach, Herbert und Geert Keil (Hg.), *Philosophie der Gegenwart - Gegenwart der Philosophie*, Hamburg 1993, S. 171-215.

5 Siehe u.a. Wiese, Christian, *"Daß man zusammen Philosoph und Jude ist ..." Zur Dimension des Jüdischen in Hans Jonas' philosophischer Ethik der Bewahrung der "Schöpfung"*, in: Valentin, Joachim und Saskia Wendel (Hg.), *Jüdische Traditionen*

-, nun wird es auf der Basis der "Erinnerungen" möglich, den Zusammenhängen zwischen dem Werk und den in dieser Schrift festgehaltenen biographischen Erfahrungen nachzugehen.[6] Diese Zusammenhänge - zwischen Werk und Biographie - sollen im Folgenden beleuchtet werden. Dabei möchte ich mich weitgehend auf die frühen Jahre von Jonas, die in den ersten Kapiteln der "Erinnerungen" geschildert werden, beschränken. Wir wissen aus der Entwicklungspsychologie, dass die frühen Krisen der Kindheit und Jugend grundsätzlich besonders prägend für die biographische Entwicklung sind. Da die frühe Kindheit leider in den "Erinnerungen" völlig unerwähnt bleibt, werde ich insbesondere auf die Phase der Adoleszenz und die prägenden Faktoren dieser Zeit eingehen. Zu ihnen gehören natürlich die Eltern, darüber hinaus aber auch andere wichtige Bezugspersonen des jungen Jonas. Von Bedeutung ist freilich auch, was Jonas als Jugendlicher gelesen und welche Erfahrungen er mit seiner Umwelt gemacht hat. Es wird sich zeigen, dass im Zusammenspiel dieser verschiedenen Faktoren ein Bewährungsmodell[7] entsteht, dessen Transformation sich in verschiedenen Schritten nachzeichnen lässt und das schließlich in universalisierter und säkularisierter Form als Ethik der Verantwortung von Jonas formuliert wird.

II.

Bevor auf die Biographie von Jonas eingegangen wird, möchte ich grob die moralphilosophische Position, die Jonas entwickelt hat, umreißen. Wie lässt sich diese bestimmen?[8] Ihre Grundlage besteht in

---

in der Philosophie des 20. Jahrhunderts, Darmstadt 2000, S. 131-147.

6 Interessant wäre es m.E. auch, die Frage zu behandeln, warum die Philosophie von Hans Jonas in den 70er und 80er Jahren sich so großer Popularität erfreute.

7 Den Begriff des "Bewährungsmodells" übernehme ich von Oevermann. Siehe: Oevermann, Ulrich, *Ein Modell der Struktur von Religiosität. Zugleich ein Strukturmodell von Lebenspraxis und von sozialer Zeit*, in: M. Wohlrab-Sahr (Hg.), *Biographie und Religion. Zwischen Ritual und Selbstsuche*, Frankfurt/M New York 1995, S. 27-102.

8 Ich beschränke mich hier auf einige wenige Elemente dieser komplexen moralphilo-

etwas, das uns heutzutage - angesichts der Debatten, die über die Gentechnik in letzter Zeit geführt wurden - trivial und selbstverständlich zu sein scheint: dass die Möglichkeiten, die durch die moderne Technik geschaffen werden, neue ethische Fragen aufwerfen, mit denen wir uns auseinandersetzen müssen. Die Tatsache, dass technische Innovationen nicht nur neue Chancen bieten, sondern auch Risiken bergen, derer man sich bewusst werden sollte, ist heute im kollektiven Bewusstsein fest verankert und muss nicht mehr besonders hervorgehoben werden - die Feuilletons sind gefüllt mit entsprechenden moralphilosophischen Reflexionen. Jonas hat für eine systematische Vergegenwärtigung von Risiken, die mit der Anwendung moderner Techniken verbunden sind, plädiert und dafür den Begriff einer "Heuristik der Furcht" geprägt: Ohne jegliche Aufgeregtheit sollen rational und sachlich die Gefahren, die technische Innovationen entfalten können, reflektiert und bewusst gemacht werden. Auf der anderen Seite solle jedoch die Hoffnung nicht schwinden, die Hoffnung auf eine Verbesserung der menschlichen Verhältnisse, ohne die Handeln nicht möglich sei. Beides, Hoffnung und Furcht, sind für Jonas komplementäre Begriffe, die in dem Prinzip Verantwortung zu einer Einheit verbunden sind. Wie versteht Jonas dieses Prinzip, was bedeutet für ihn Verantwortung?

Verantwortung übernehmen bedeutet für Jonas nicht, Vor- und Nachteile, Chancen und Gefahren moderner Techniken utilitaristisch gegeneinander abzuwägen. Dem Utilitarismus steht Jonas fern. Will man seine Ethik in die Geschichte der Moralphilosophie einbetten und aus ihr heraus verstehen, so sind vielmehr zwei andere Traditionen zu nennen: 1. Jonas steht ohne Frage in der Tradition der Kantischen Moralphilosophie. Verantwortlich handeln bedeutet für ihn, einem erneuerten kategorischen Imperativ zu folgen: "Handle so, dass die Wirkungen deiner Handlung verträglich sind mit der Permanenz echten menschlichen Lebens auf Erden."[9] Dieser Imperativ ist wie der

---

sophischen Argumentation. Es sind m.E. diejenigen, die den höchsten Bekanntheitsgrad in der Öffentlichkeit besitzen.

9 Jonas, Hans, *Das Prinzip Verantwortung. Versuch einer Ethik für die technologische Zivilisation*, Frankfurt/M. 2003, S. 36.

Kantische rein formal - auch er schränkt die Autonomie des Subjekts nicht ein. Kriterium der Urteilsbildung ist allerdings nicht das Universalisierungsprinzip wie bei Kant - "Kannst du wollen, dass alle so handeln wie du?" -, sondern die Erhaltung "echten menschlichen Lebens". Was aber ist das "echte menschliche Leben"?

2. Die zweite Tradition, in der Jonas steht, ist die der antiken Tugendlehre. Es sind zwei Tugenden, die er angesichts der moralischen Herausforderungen, die durch die technischen Innovationen entstehen, für wichtig hält: Ehrfurcht und Klugheit. Dass Klugheit gefordert ist, versteht sich: Der Mensch muss die Möglichkeiten, die die neuen Techniken mit sich bringen, rational durchdenken und vorsichtig, bedacht mit ihnen umgehen. Daneben hält Jonas Ehrfurcht für geboten, Ehrfurcht vor dem Menschen, vor dem Wesen des Menschen, das durch die moderne Technik veränderbar geworden ist. Doch gerade angesichts dieser Möglichkeit, dieser Bedrohung, wird der Mensch sich seines Wesens bewusst und erkennt es als ein bewahrenswertes Gut. Es wird ihm klar, was "echtes menschliches Leben" ist.

III.

Wie lassen sich nun diese moralphilosophischen Überlegungen in einen Zusammenhang mit der Biographie von Jonas, wie er sie in seinen "Erinnerungen" darlegt, bringen? Es wäre unsinnig, hier irgendwelche Erklärungen zwanghaft "zurechtzubiegen" oder einzelne Elemente dieser Philosophie auf punktuelle Ereignisse aus seinem Leben zurückzuführen. Stattdessen soll im Folgenden der Versuch unternommen werden, einige prägende Faktoren und grundlegende Dispositionen herauszuarbeiten, um so eine vage Vorstellung von der Strukturgesetzlichkeit dieser Biographie zu gewinnen. Aus dieser heraus entsteht ein Bewährungsmodell, das für die gesamte folgende Lebensgeschichte bedeutsam wurde. Abschließend wird dann zu fragen sein, welche Beziehungen zwischen diesem Bewährungsmodell und der Philosophie von Jonas bestehen.

Begonnen werden kann mit der Frage, ob und wie Jonas religiös sozialisiert wurde. Um sie zu beantworten ist zunächst auf das Elternhaus von Jonas einzugehen, denn ohne Frage sind die Eltern diesbezüglich von besonderer Bedeutung gewesen. Von dem Vater heißt es, dass er zwar in einem orthodoxen Elternhaus aufgewachsen sei und dort streng erzogen wurde, aber nicht bereit und willens war, auf Dauer an der Religion festzuhalten und sie auch gegen die Erwartungen anderer konsequent zu praktizieren. Er besuchte - zwar nicht regelmäßig, aber doch an allen großen Feiertagen - die Synagoge und der Sohn ist überzeugt davon, dass er dies auch mit starker innerlicher Anteilnahme tat, aber ansonsten war er nicht bestrebt jüdische Traditionen zu erhalten. In seiner Sprache etwa waren ">judendeutsche< Elemente" (35) nicht mehr enthalten. Die Speisegesetze versuchte er lange Zeit zu beachten, doch da seine Frau sich nicht nach ihnen richtete, hielt auch er sich - nach der Hochzeit - nicht mehr an sie. Ein konfliktfreies Zusammenleben mit seiner Umwelt, soziale Anerkennung und gesellschaftlicher Erfolg scheinen ihm wichtiger gewesen zu sein als das Festhalten an jüdischen Traditionen.

Während also im Hinblick auf die Biographie des Vaters ein Säkularisierungsprozess im Sinne eines zunehmenden Schwindens religiöser Praxis zu konstatieren ist, bei dem am Ende wahrscheinlich nur noch ein innerliches Gefühl der Verbundenheit mit dem Judentum blieb, ist die Säkularisierungsgeschichte bei der Mutter komplexer verlaufen: Ihr Vater war ein Rabbiner, der jedoch aufgrund seiner Liberalität in einen Widerspruch zwischen äußerer Praxis und innerer Einstellung geriet. Das Amt verlangte von ihm die Einhaltung der traditionellen Normen, genauer gesagt, der Speisegesetze. Persönlich war er von ihnen aber gar nicht mehr überzeugt. Die Tochter, also die Mutter von Jonas, hat diesen Widerspruch wahrgenommen und musste ihn sogar eine Weile mittragen, als sie nach dem Tod der Mutter den Haushalt des Vaters zu führen hatte. Daraus erwuchs bei ihr der Vorsatz, diesen Widerspruch nicht reproduzieren zu wollen - sie war fortan dezidiert gegen die Einhaltung der Speisegesetze.

Diese Situation führte nun dazu, dass Hans Jonas in seinem Elternhaus keine religiöse Erziehung erhielt. Freilich nahm er später in der Schule am Religionsunterricht teil, aber auch dieser scheint ihn kaum beeinflusst zu haben. Dies ermöglichte es, dass die selbständige, gewissermaßen autodidaktische Begegnung mit der Bibel für ihn zu einer "Entdeckung" (26) wurde.

Die Tatsache, aus einer Familie zu stammen, die eine ausgeprägte jüdische Geschichte hat, die in der Generation der Eltern aber einen deutlichen Säkularisierungsschub erlebt hat, so dass der Sohn keine religiöse Erziehung durch die Eltern bekam und deswegen sein Verhältnis zum Judentum als auf einer eigenständigen Leistung beruhend begreifen konnte, ist ganz entscheidend für die Religiosität von Jonas. Sie war nicht traditionell gegeben, sondern beruhte auf einer autonomen Entscheidung. Detailliert verdeutlicht Jonas dies an seinem Verhältnis zu den Propheten des Alten Testamentes bzw. zu deren Darstellung durch die Autoren der religionshistorischen Schule. Interessant ist an dieser Stelle ein Vergleich mit Gershom Scholem: Auch Scholem las in seiner Jugend die Werke dieser Schule. Auch er war sich dessen bewusst, dass diese wissenschaftlichen Studien, insofern sie die Propheten in ihren geschichtlichen Kontext stellen, sie historisieren, ein Produkt der Säkularisierung sind. Doch während Scholem, der seine Entscheidung für das Judentum schon vor der Lektüre dieser Schriften emphatisch getroffen hatte, diese Werke eben als Produkte der Säkularisierung vehement ablehnte[10], nahm Jonas sie äußerst positiv auf. Als Grund dafür gibt er an, dass bei ihm "kein Kinderglaube zu zerstören" war. Deswegen habe er durch sie "ein positives Verhältnis zur Bibel" (66) gewinnen können.

IV.

Was lässt sich allgemein über die Eltern sagen? Wie stellt Jonas sie in seinen "Erinnerungen" dar? Sie werden von ihm zunächst deutlich einander gegenübergestellt und zwar als Verkörperungen von grundsätzlich verschiedenen Haltungen zum Leben: Von der Mutter heißt es, sie sei "pessimistisch" gewesen, habe stets die Neigung gehabt, eher die negativen Seiten des Lebens - Leid und Elend - zu sehen und die positiven zu ignorieren, während Jonas im Hinblick auf den Vater dessen Optimismus hervorhebt, der nicht frei von Naivität gewesen zu sein scheint. Dieser Optimismus hat den Vater offensichtlich besonders in seinen unternehmerischen Tätigkeiten beflügelt, denen er sich mit Leib und Seele hingab.[11] Gemeinsam scheint aber den Eltern gewesen zu sein, dass sie beide Personen mit starken moralischen Emp-

---

10 Siehe Scholem, Gershom, *Tagebücher nebst Aufsätzen und Entwürfen bis 1923*, 1. Halbband 1913-1917, Frankfurt/M. 1995, S. 59.

11 Der Vater "ging ganz im Geschäft auf", notiert Jonas. (35)

findungen gewesen sind. Bei der Mutter herrschte eine Moral des Mitleids vor. Sie, die immer die negativen Seiten des Lebens besonders deutlich sah, ließ diese stark an sich heran und litt aus einer "überströmenden Menschlichkeit" (31) heraus mit. Die Moral des Vaters hingegen war eine solche, die die Pflicht, die Verantwortung gegenüber den anderen über das Eigeninteresse stellte. Jonas berichtet davon, dass der Vater eigentlich hatte studieren wollen, jedoch als ältester Sohn von zehn Kindern rasch in die Stellung des Vaters geriet, der es als seine Pflicht ansieht, für seine jüngeren Geschwister zu sorgen - um allen Brüdern ein Studium und den Schwestern eine Mitgift für ihre Heirat finanzieren zu können übernahm er die Textilfabrik des Vaters. Erst als die Geschwister sich alle in einer sicheren Stellung befanden, dachte er schließlich auch an sich selbst und heiratete.

"Das war der große Kummer seines Lebens, dass er den Traum von einer akademischen Ausbildung dem Dienst an der Familie und an der Firma hatte opfern müssen." (33)
Freilich hat er den Wunsch, dass wenigstens der Sohn seinen eigenen Traum realisiert. Dieser hat nicht nur den Wunsch des Vaters erfüllt, sondern darüber hinaus von ihm auch das Gefühl der Verantwortung übernommen und es in seiner Ethik auf philosophischer Ebene ausbuchstabiert.

V.

Wer und was ist noch wichtig gewesen für die persönliche Entwicklung von Jonas? Neben den Eltern hebt Jonas zwei Personen hervor, die für seine Entwicklung besonders bedeutsam gewesen seien: auf der einen Seite der Bruder seiner Mutter, sein Onkel Leo, auf der anderen Seite Jonas Benjamin Jonas, der Bruder seines Vaters. Der Onkel Leo repräsentiert für ihn den Aufklärer, den Intellektuellen. Er war von Beruf Arzt, faszinierte den jungen Jonas aber offensichtlich, weil er intellektuelle, wissenschaftliche Interessen besaß, die er rein um ihrer selbst willen verfolgte. Der andere Onkel ist für Jonas das "Urbild des Gläubigen" (62) gewesen, "ein Bild der Frömmigkeit, einer Frömmigkeit des Herzens" (64). Dieser Onkel hielt sich mit aller Konsequenz an die Normen der Religion und war ein Vorbild für alle Mitglieder der Gemeinde.

74

Als besondere "Lesekomplexe" (65) werden von Jonas genannt: 1. die bereits erwähnten Studien der religionsgeschichtlichen Schule über die Propheten des Alten Testamentes, 2. Texte des modernen Judentums, das Jonas vor allem durch Martin Buber kennen lernte, 3. die Philosophie Kants.

VI.

Ein weiterer "Lesekomplex" ist von Bedeutung, wenn nun der Frage nachgegangen wird, welches Bewährungsmodell sich in der Phase der Adoleszenz bei Jonas herausbildete. Das erste Mal ist von diesem Bewährungsmodell im Zusammenhang mit der Schilderung der Zeit vor dem 1. Weltkrieg die Rede. Sie beschreibt Jonas als äußerst ambivalent bzw. widersprüchlich: Auf der einen Seite sei die objektive Situation sowohl im Allgemeinen als auch im Besonderen recht positiv gewesen. In Deutschland herrschte Frieden und Wohlstand und seiner Familie ging es gut. Sie war "gut gestellt" (26) und gesellschaftlich anerkannt - sowohl in der Gesellschaft überhaupt (aufgrund des Berufes seines Vaters)[12] als auch speziell innerhalb der jüdischen Gemeinde. Die subjektive Empfindung des jungen Hans Jonas entsprach allerdings nicht dieser positiven Lage, war eher negativ. Er habe sich damals, so schreibt er, gelangweilt und ein Bedürfnis nach Herausforderungen verspürt, nach Krisen, welche die Möglichkeit heldenhafter Bewährung bieten. Modelle dafür habe er in den Sagen der griechischen Antike und in den deutschen Heldensagen gefunden. Am 1. August 1914 habe sich dann die Situation schlagartig geändert: Während zuvor Krisen nur in weiter Ferne zu beobachten waren[13], sei nun mit Beginn des 1. Weltkrieges eine Krise unmittelbar für Deutschland ausgebrochen. Die Chance zu einer heldenhaften Bewährung bot sich für ihn jedoch nicht. Durch eine Ohrfeige des Direktors des örtlichen Schwimmbades (zu dem ihm der Eintritt verwehrt wurde, weil es zu einer Auffangstelle für Soldaten umfunktioniert wurde) bekam er allerdings zu spüren: "... es war ernst". (28)

---

12 Der Vater war Fabrikant, Besitzer einer Textilfabrik.

13 Jonas erwähnt die Balkankriege sowie den Untergang der Titanic.

VII.

Dieses Bewährungsmodell des heldenhaften Handelns taucht an späte-
rer Stelle wieder auf und zwar erstaunlicherweise im Zusammenhang
mit dem Zionismus. Jonas wurde als junger Mann zu einem überzeug-
ten Zionisten. Wie hat sich das ergeben? Wie versteht Jonas den Zionismus und wie verbindet sich dieser mit dem Modell heldenhafter
Bewährung? Am Anfang stand auf der einen Seite die durch die Lektüre bewirkte Entdeckung des Judentums, auf der anderen Seite stand
das "Gefühl eines gewissen Außenseitertums" (59). Jonas berichtet
davon, dass der Antisemitismus "eine Lebenstatsache" gewesen und
"als Attitüde (...) immer gegenwärtig" (61) gewesen sei. Seine Reaktionen darauf waren zunächst recht unterschiedlich: Auf "kleine Hänse-
leien und Aggressionen" (58) reagierte er kaum, wurden jedoch Witze
auf Kosten von Juden gemacht, bekam er, so heißt es, einen "Anfall"
(58), geriet er in einen "Makkabäerzorn" (59).
Beide Faktoren - die Lektüre und der Antisemitismus - stärkten sein
Bewusstsein davon, Jude zu sein. Auf beiden Ebenen kam es schließlich zu entscheidenden Fortbildungen bzw. Veränderungen: Zum einen wurde Jonas durch die Lektüre die Idee vermittelt, dass die Juden
eine Volksgruppe sind und die jüdische Überlieferung als deren nationale Tradition zu verstehen ist. Zum anderen transformierte sich der
Antisemitismus in eine "aktive Feindschaft" (70).
"Dieses Gefühl der Differenz im Zusammenwirken mit Stolz
und der Vorstellung, dass die bisherige Argumentationsweise
der Emanzipations- und Assimilationsbewegung versagt hatte,
brachte mich zum Zionismus." (70)
Damit ist auch die Frage, wie Jonas den Zionismus versteht, schon
weitgehend beantwortet. Eine Frage bleibt jedoch noch offen: Ist der
Zionismus für Jonas eine religiöse Bewegung, genauer gesagt, ein
Religionsersatz? Auf der einen Seite ist Jonas klar, dass der Zionismus
eine säkulare Bewegung ist, denn - wie gesagt - beruht er auf einer
Uminterpretation der religiösen Tradition in ein nationales Kulturgut.
Auf der anderen Seite verbindet Jonas seinen Zionismus mit einem -
wie er es nennt - "dream of glory" (78):
"Ich stellte mir vor (...), dass ich mich an der Spitze einer be-
waffneten jüdischen Armee, die sich in den verschiedenen Ge-

genden der Galut gebildet hatte, begleitet von Frauen und Kindern, durch ein feindliches Europa auf dem Landweg über den Bosporus durch Kleinasien bis nach Palästina durchschlagen würde." (77 f)

Offensichtlich wird hier das Bewährungsmodell, das Jonas in seiner Kindheit aus den Sagen der Antike und den deutschen Heldensagen entnommen hatte, mit neuem Inhalt gefüllt. Imaginiert wird eine Bedrohung, die auf dem ganzen europäischen Kontinent präsent und so massiv, so existentiell ist, dass ihr nur mit Waffen, genauer gesagt, nur mit einer organisierten Armee begegnet werden kann. Sicherheit ist nur außerhalb Europas, letztlich nur in Palästina zu haben. Jonas träumt sich nun an die Spitze dieser Armee, welche die wehrlosen, schutzbedürftigen Frauen und Kinder aus der Gefahrenzone heraus in den sicheren Hort Palästina rettet.

VIII.

Die allgemeinen Strukturen des Bewährungsmodells von Jonas werden allmählich deutlich. Dieses Modell ist dadurch gekennzeichnet, dass zum einen das Subjekt eine herausgehobene Position einnimmt - die des Helden oder die des Retters der bedrohten europäischen Juden. Diese Herausgehobenheit ist jedoch nicht willkürlich, keine abstrakte Glorifizierung des Subjekts, weil mit ihr verbunden ist, dass das Subjekt eine besondere Aufgabe hat, in deren Dienst es sich stellt - die Bekämpfung eines Feindes oder die Rettung des "Restes der jüdischen Verzweifelten" (78). Die Situationen, auf die dieses Modell bezogen wird, und die Inhalte, mit denen es gefüllt wird, ändern sich mehrmals, die zwei Aspekte des Modells, die Herausgehobenheit auf der einen, die Unterordnung unter eine allgemeine Aufgabe auf der anderen Seite bleiben jedoch konstant. Bevor nun der Frage nachgegangen wird, inwiefern auch die Ethik von Jonas als eine Transformationsgestalt dieses grundlegenden Bewährungsmodells begriffen werden kann, ist noch eine weitere Ausformung des Bewährungsmodells von Jonas in den Blick zu nehmen, die den Übergang zu der Ethik der Verantwortung von Jonas noch deutlicher macht. Sie taucht auf, nachdem Jonas 1933 nach Palästina emigriert ist und von dort die Ereignisse in Deutschland bzw. Europa verfolgt. 1939 verfasst er einen

Aufruf an das jüdische Volk zur Beteiligung am Kampf gegen Deutschland. Wie wird dieser begründet?
Der Aufruf von Jonas beruht auf der Deutung des 2. Weltkrieges auf zwei verschiedenen Ebenen: Einerseits begreift Jonas den Nationalsozialismus grundsätzlich als Kampfansage an das jüdische Volk. Dieser Kampf beginnt 1933 und hat, so Jonas, den Charakter eines "totalen Krieges", da er sowohl auf die Menschenwürde als auch auf das nackte Dasein der Juden zielt. Er beginnt "einseitig", d.h. die Initiative, die Aktivität liegt allein bei den Nationalsozialisten und die Juden sind die Opfer bzw. die Zuschauer, die dem kaum effektiv etwas entgegensetzen können. Mit der Kriegserklärung Englands gegen Deutschland 1939 sieht Jonas jedoch die Möglichkeit für die Juden gekommen, dass sie - speziell die in Palästina lebenden Juden - aus der Rolle des Zuschauers, der fatalistisch den Lauf der Dinge verfolgt, heraustreten und aktiv den Kampf gegen Deutschland aufnehmen. Jonas spricht sich dezidiert für die Bildung einer "jüdischen Legion" aus, die "in den Reihen der Alliierten" (195) gegen Deutschland in den Krieg zieht. Allerdings sieht Jonas dies nicht nur als eine Chance, die Chance, das eigene Schicksal in die Hand zu nehmen, sondern auch als eine Verpflichtung an: Das jüdische Volk sei "durch Ehre und Interesse verpflichtet" (187), den Kampf gegen das nationalsozialistische Deutschland aufzunehmen. - Insbesondere der Begriff der "Ehre" macht freilich deutlich, dass hier das Helden-Modell der Bewährung sich transformiert hat und die herausgehobene Position nun dem jüdischen Volk zukommt, das gegen Deutschland kämpft. - Die moralische Dimension wird deutlich, wenn man die zweite Eben betrachtet, auf der Jonas den 2. Weltkrieg deutet. Auf dieser zweiten, abstrakteren Ebene interpretiert er den Krieg als den "ersten Religionskrieg der Moderne" (194). In ihm stehen sich nicht verfeindete Armeen bzw. Staaten gegenüber, sondern abstrakte Prinzipien. Auf der einen Seite steht die christlich-abendländische Humanität, genauer gesagt, das Prinzip, das sich in dieser verkörpert und das zurückgeht, so Jonas, auf das Judentum und dessen Vermächtnis ist. Gerade im Moment seiner Bedrohung werde deutlich, dass dieses Prinzip das Judentum und die christlich-abendländische Kultur miteinander verbinde, sie beide auf ihm beruhen. Auf der anderen Seite steht der "Kult der menschenverachtenden Macht" (194), den die Nationalsozialisten feiern. Wenn nun Jonas das jüdische Volk, genauer gesagt, die kampfesfähigen jüdi-

schen Männer in Palästina dazu auffordert, sich am Krieg gegen Deutschland zu beteiligen, so bedeutet das nicht nur, dass sie für die - freilich als solche vollkommen berechtigten - partikularen Interessen kämpfen sollen, für ihr "Bürgerrecht auf Erden" (192). Vielmehr wird von ihnen auch erwartet, dass sie sich in den Dienst eines allgemeinen Prinzips stellen, dass sie für das Prinzip der Humanität kämpfen.[14]

IX.

Was lässt sich als Fazit der Überlegungen festhalten? Worin besteht nun der Zusammenhang zwischen dem in der Biographie von Jonas in verschiedenen Ausformungen auftauchenden Bewährungsmodell auf der einen und seiner Ethik der Verantwortung auf der anderen Seite? Es hat sich gezeigt, dass an verschiedenen Stellen der Biographie von Jonas ein Bewährungsmodell in Erscheinung tritt, das zwar inhaltlich unterschiedlich gefüllt wird, das sich aber dennoch durch die Konstanz zweier Komponenten auszeichnet: der Herausgehobenheit auf der einen Seite, der Unterordnung unter eine allgemeine Aufgabe auf der anderen Seite. Es liegt nun nahe, dieses Modell religionshistorisch auf die Idee der Auserwähltheit zurückzuführen, ist diese doch dadurch gekennzeichnet, dass auf der einen Seite das jüdische Volk deutlich herausgehoben ist und zwar eben dadurch, dass es - als einziges - von dem einen Gott auserwählt wurde, der es zu "seinem Volk" machte. Auf der anderen Seite war diese Idee schon immer damit verbunden, dass dem jüdischen Volk auch besondere Aufgaben auferlegt waren: Es hatte die Torah zu befolgen bzw. zu verwirklichen. In der Idee der Auserwähltheit findet die Grundstruktur eine frühe, religiöse Ausprägung, in der Biographie von Jonas taucht sie mehrmals in unterschiedlichen Bewährungsmodellen wieder auf. In seiner

---

14 Interessant ist auch, welche Bedeutung Jonas in diesem Zusammenhang dem Zionismus zuschreibt: Zum einen erklärt Jonas, dass erst durch ihn die Juden zu einem "Subjekt in der Völkerarena" (193) geworden seien. Damit sei nun die Verpflichtung verbunden, das Schicksal in die eigenen Hände zu nehmen. Zum anderen sieht Jonas die Möglichkeit, dass die Beteiligung an der Bekämpfung des nationalsozialistischen Deutschlands eine weitere Legitimation für den Zionismus bzw. den Anspruch auf Palästina bietet. (Siehe S. 196)

Ethik ist sie schließlich in vollkommen säkularisierter Gestalt anzutreffen. Die herausgehobene Position hat hier kein Held, keine Gestalt des Außeralltäglichen, hat auch nicht das jüdische Volk inne - als von Gott auserwähltes oder als durch den Zionismus zu einer Handlungseinheit gefügtes -, sondern das Subjekt überhaupt. Die Ethik von Jonas impliziert den Gedanken, dass jeder herausgehoben ist, da jeder Verantwortung hat und sie wahrnehmen sollte. Die Aufgabe, in deren Dienst sich das Subjekt stellen soll, ist freilich auch eine andere geworden: Es ist nicht die Erlösung der Welt, nicht die Rettung der in Europa existentiell bedrohten jüdischen Bevölkerung oder der Kampf gegen das menschenverachtende Prinzip, sondern die Wahrung der Zukunft der Menschheit. Es lässt sich also abschließend sagen, dass die Ethik von Jonas strukturell auf Komponenten basiert, die im Bewährungsmodell, das seine Biographie geprägt hat, bereits enthalten sind, inhaltlich sich von diesem jedoch in zwei Transformationsdimensionen unterschiedet: derjenigen der Säkularisierung und vor allem derjenige der Universalisierung. Das Bewährungsmodell wird gewissermaßen aus der Biographie herausgelöst und verallgemeinert, es wird ein Imperativ formuliert, der insofern völlig säkular ist, als er nicht mit Bezug auf religiöse Autorität begründet, sondern mit rationalen Argumenten untermauert wird, und der universalisiert ist, insofern ihm ein jeder Mensch entsprechen sollte.

Partikulares Bekenntnis und universalistischer Geltungsanspruch

Christian Wiese: Zu "Hans Jonas. >Zusammen Philosoph und Jude<"
von Christian Wiese[1]

In der Biographie und dem Werk des Philosophen Hans Jonas sind
Rationalität und jüdische Identität auf komplexe Weise miteinander
verbunden. Zwar hat Jonas sich bemüht, beide Dimensionen deutlich
voneinander zu trennen: Auf der einen Seite hat er sich - auf sehr eigene und unkonventionelle Weise - klar zur jüdischen Religion bekannt, auf der anderen Seite hat er seine Philosophie konsequent auf
die Basis rationaler Argumentation gestellt und an keiner Stelle auf
religiöse Autorität als Geltungsquelle rekurriert. Mit seiner Philosophie verband er einen universalistischen Geltungsanspruch und setzte
folglich auf Argumente, die grundsätzlich für alle überzeugend sein
sollten und nicht an einen partikularen Standpunkt - das Bekenntnis
zur jüdischen Religion - gebunden sind. Aber beide Dimensionen sind
dennoch auf untergründige Weise stark miteinander verwoben. Dieses
komplexe und schwer durchschaubare Verhältnis zu erhellen ist das
Anliegen des in Erfurt lehrenden Judaisten Christian Wiese. Interessant ist, dass er dies in dem hier zu besprechenden Buch nicht dergestalt versucht, dass er Motive bzw. Elemente aus der Philosophie von
Jonas unmittelbar zu ihren religiösen Wurzeln zurückverfolgt, sondern
den Weg über Freundschaften, Bekanntschaften und Erfahrungen
einschlägt, an denen sich dieser Problemkomplex kristallisiert hat.
An erster Stelle führt Wiese die Erfahrung des Antisemitismus und der
Konfrontation mit dem Nationalsozialismus an. Angesichts der Bedrohung der Würde und des Lebens von Bürgern jüdischen Glaubens
habe sich Jonas zu einem "homo politicus" (31) entwickelt, der sich

---

1 Wiese, Christian, *Hans Jonas. >Zusammen Philosoph und Jude<*, Frankfurt/M.
2003.

seiner Zugehörigkeit zum Judentum genau bewusst war, der sich für "die Sache Palästinas" (31), d.h. für das zionistische Projekt einsetzte und in Palästina für die Beteiligung am Kampf gegen das nationalsozialistische Deutschland aufrief. Auf philosophischer Ebene sei auch seine Auseinandersetzung mit dem Nihilismus auf diese Erfahrung zurückzuführen. An zweiter Stelle geht Wiese auf das Verhältnis zwischen Jonas und Gershom Scholem ein. Beide standen sich nahe, weil sie über den gleichen Gegenstand - die Gnosis und die frühe jüdische Mystik - forschten. Doch an zwei Punkten, so Wiese, kam es zu Konflikten: 1. Als Jonas, der 1935 als überzeugter Zionist nach Palästina gegangen war, 1949 wieder in die Diaspora zurückkehrte und dort - trotz eines Rufes an die Universität in Jerusalem - auch blieb, warf Scholem ihm "Verrat am Zionismus" (81) und mangelnde Solidarität mit Israel vor. 2. Auch auf wissenschaftlicher Ebene kam es zu einem Dissens zwischen den beiden und zwar im Hinblick auf die Frage nach dem Verhältnis von Gnosis und Judentum. Während Jonas eher einen Gegensatz zwischen Gnosis und Judentum sah und den "antijüdischen Impetus" (88) der Gnosis hervorhob, betonte Scholem, dass aus dem Judentum eine mystische Bewegung hervorgegangen sei, welche die nichtjüdische Gnosis inspiriert habe.

Des Weiteren geht Wiese auf das Verhältnis zwischen Jonas und Hannah Arendt ein. Arendt wurde aufgrund ihres Buches über den Eichmann-Prozess der Vorwurf gemacht, ihr mangele es an Wissen über die jüdische Geschichte und an "Liebe zum jüdischen Volk" (97).Diese Kritik interpretierte Arendt als den Versuch, sie auf einen Partikularismus zu verpflichten, den sie im Widerspruch zu dem Universalismus rationaler Argumentation stehend sah, an dem sie sich orientierte. Jonas, den eine langjährige (auf gemeinsame Studienzeiten in Marburg zurückgehende) Freundschaft mit Arendt verband, kritisierte ebenfalls Arendts Deutung des Zionismus und der Shoah, allerdings in einer so differenzierten Weise, dass der Gegensatz zwischen Partikularismus und Universalismus sich verflüchtigte, ja, sich letztlich auflöste. Dennoch hielt Arendt an ihrem Standpunkt fest und die Kommunikation zwischen beiden brach ab. Nach einem zweijährigen Schweigen wurde der Kontakt allerdings wieder aufgenommen - unter der stillschweigenden Übereinkunft, dieses "heiße Eisen" nicht erneut zu thematisieren.

Von besonderer Bedeutung ist auch das Verhältnis, das Jonas zu seinem philosophischen Lehrer Martin Heidegger hatte. Heideggers Affinität zum Nationalsozialismus führte Jonas darauf zurück, dass dieser die humanistische Tradition abendländischen Denkens in Frage gestellt hatte. Einst war auch Jonas davon fasziniert gewesen, doch angesichts des Krieges und der Shoah wurde er zum konsequenten Gegner des Nihilismus und entwickelte eine Naturphilosophie, die auf die Überwindung der sich aus dem Gefühl des Fremdseins in der Welt und der existenzphilosophisch begründeten Weltflucht speisenden Gleichgültigkeit gegenüber Mensch und Natur zielt.

Schließlich geht Wiese dezidiert sowohl auf die Ethik der Verantwortung von Jonas als auch auf seine Überlegungen zum "Gottesbegriff nach Auschwitz" ein. Jonas' Plädoyer für die Verantwortung des Menschen in der Welt beruhe letztlich auf der Idee der "Schöpfung" und der Vorstellung, das Leben besitze einen ihm innewohnenden Wert, aus dem sich der Imperativ der Ehrfurcht vor dem Leben und der Bewahrung der "Schöpfung" ergebe. Wiese ist der Meinung, diese Überlegungen würden auf der "Säkularisierung des Konzeptes der >Heiligkeit des Lebens<" (136) beruhen. In noch schärferer Weise hat Jonas die Verantwortlichkeit des Menschen mit Hilfe des Konzepts von der Ohnmacht Gottes hervorgehoben: Da Gott sich mit der Schöpfung aus der Welt zurückgezogen habe, liege die Verantwortung für die Welt und für das Leben überhaupt als einer "göttlichen Sache" (148) in den Händen der Menschen. Gott sei darauf angewiesen, "dass ihm der Mensch durch den kosmischen Prozess hindurch zurückgibt, was er durch seine Selbstentäußerung und den >Bruch der Gefäße< preisgegeben hat." (149) Das Handeln der Menschen erhält so eine ">transzendente Wichtigkeit<" (151). Diese Überlegungen beruhen Wiese zufolge auf kabbalistischen Vorstellungen.

Wiese hat in seinem Buch auf einfühlsame und überzeugende Weise gezeigt, wie die Erfahrung des Antisemitismus und die Konfrontation mit dem Nationalsozialismus wesentlich zur Schärfung von Jonas' Bewusstsein Jude zu sein beigetragen haben und wie sich zum einen aus dieser Erfahrung und diesem Bewusstsein ein politisches Engagement - für die zionistische Sache und gegen den Nationalsozialismus - ergab und wie zum anderen beides seinen naturphilosophischen Überlegungen sowie seinem Kampf gegen den Nihilismus und für die Verantwortlichkeit des Menschen zugrunde liegt. In sie sind offensichtlich Denkfiguren und Motive, die aus der jüdischen Tradition stammen, eingeflossen, ohne dass dies deren universalistischen Geltungsanspruch beeinträchtigt hätte. Die Bedeutung, die diese Erfahrung und seine jüdische Identität für ihn hatte, zeigte sich insbesondere immer dann, wenn Jonas über das historische Geschehen reflektierte und in Diskussionen über deren Deutung eingriff.

Pragmatismus und Gehorsam
Die „Erneuerung" des Islam im Werk von Tariq Ramadan

I.

Im wissenschaftlichen Diskurs ist spätestens seit Lévi-Strauss die metaphorische Unterscheidung zwischen einem „kalten" und einem „heißen" Gegenstand geläufig. Als „heiß" werden diejenigen Gegenstände bezeichnet, über die in der Öffentlichkeit heftig gestritten wird und zu denen aus diesem Grund jene Distanz kaum zu gewinnen ist, die für eine wissenschaftliche Behandlung erforderlich ist. Bei Äußerungen über „heiße" Gegenstände ist es entsprechend nicht immer einfach, zwischen einer wissenschaftlichen Aussage und einer politischen Stellungnahme klar zu unterscheiden. Ein solcher „heißer" Gegenstand ist gegenwärtig ohne Frage der Islam - über ihn wird in der Öffentlichkeit rege diskutiert. Versucht die Wissenschaft diesen „heißen" Gegenstand unemotional, sachlich und möglichst wertfrei in den Blick zu nehmen, ist sie rasch mit dem Vorwurf konfrontiert, entweder – bei einer kritischen Analyse – „kulturkämpferisch" aufzutreten oder – bei einer primär auf „Verstehen" ausgerichteten Analyse – zu naiv zu sein.

Die Auseinandersetzung, die seit einiger Zeit über Tariq Ramadan geführt wird, scheint ein besonders treffendes und prägnantes Beispiel für das oben genannte Phänomen zu sein. An dem Umgang mit dieser äußerst schillernden Figur zeigt sich exemplarisch, wie „heiß" das Thema Islam generell gegenwärtig ist und wie widersprüchlich die Reaktionen in der Öffentlichkeit auf einen islamischen Denker sein können: Die amerikanische Regierung sieht in Ramadan einen Fundamentalisten und hat ihm deswegen unlängst die Einreise in die Staaten verboten. Die britische Regierung hingegen hat Ramadan nach den Terroranschlägen in London in einen neu gegründeten Rat berufen, der Vorschläge für den Umgang mit islamischen Extremisten ausarbeiten soll. Darüber hinaus machen die unterschiedlichen Einschät-

zungen von Islamexperten deutlich, wie schwierig es ist, die Diskussion zu versachlichen und zu einem differenzierten Verständnis zu gelangen - für die einen ist Ramadan der Hoffnungsträger eines europäischen Islam, für die anderen ein „Wolf im Schafsfell", der „Kreide
gefressen" habe.

Die wissenschaftliche Beschäftigung mit Tariq Ramadan ist neuer-
dings durch die Studie von Ralph Ghadban einen wesentlichen Schritt
vorangekommen.[1] Diese Studie kennzeichnet, dass sie aus einer is-
lamwissenschaftlichen Perspektive geschrieben wurde, d.h. in Kenntnis der Geschichte der Religion des Islam. Das Ergebnis, zu dem
Ghadban gelangt, ist klar und geht schon aus dem Titel seines Buches
hervor: Für Ghadban ist Ramadan der Protagonist einer „Islamisierung
Europas".[2] Wie kommt Ghadban zu diesem Ergebnis? Nur zwei von
seinen Argumentationslinien seien hier kurz erwähnt: Zum einen zeigt
Ghadban, wie Ramadans Engagement im Kontext der Geschichte der
Muslimbrüder zu sehen ist. Jene „Mutter aller islamistischen Organi-
sationen", die im Ägypten der 20er Jahre von dem Großvater Ramadans, von Hassan al-Banna, ins Leben gerufen wurde und Ende der
50er Jahre, nachdem sie weder in Ägypten noch in Syrien länger ge-
duldet wurde, ihr Zentrum nach Genf verlegte, entwarf von dort aus
die Vision einer universalen Präsenz der Umma. Dieser Vision habe
sich Ramadan, so Ghadban, voll und ganz verschrieben.

Zum anderen geht Ghadban ausführlich auf Ramadans „Methode" ein,
d.h. er zeigt im Rahmen einer ausführlichen Analyse, wie Ramadan
auf sehr selektive Weise die Geschichte des Islam aufgreift und sich
zu eigen macht. Genauer gesagt, Ramadan lässt in seiner Argumentation bestimmte Traditionen des Islam – die Mu'tazila, die islamische
Philosophie, allgemein gesagt, jene Richtungen im Islam, in denen die
Religion des Islam mit der Vernunft versöhnt werden soll(te) – außen
vor und bezieht sich in erster Linie auf jene Denker, die als „Ahnher-
ren des Islamismus" bezeichnet werden können: auf Al-Ghazali, der –
so Ghadban – einen „Generalangriff gegen die freie selbsttätige Ver-

---

[1] Ghadban, Ralph: *Tariq Ramadan und die Islamisierung Europas*, Berlin 2006.

[2] Das heißt nicht – das muss von Anfang an in aller Deutlichkeit gesagt werden -, dass
Ramadan sich für ein militantes Engagement, eine bewaffnete Eroberung Europas
ausspricht, vielmehr ist sein Ziel eine kulturelle Revolution, gewissermaßen eine
Erneuerung der Moderne aus dem Geiste des Islam.

nunft"[3] unternahm, sowie auf Ibn Taimiya (der für die Muslimbrüder und auch für die Wahabiten immer von großer Bedeutung war.) In den folgenden Ausführungen sollen die Überlegungen von Ghadban durch einige Bemerkungen ergänzt werden, die sich aus der Perspektive der Religionssoziologie ergeben.[4] Zunächst soll auf die Frage nach den allgemeinen Bedingungen, unter denen Ramadan handelt, und auf die Frage nach der Quelle seiner Autorität eingegangen werden. Der Schwerpunkt wird aber dann auf der Analyse von Ramadans Denken liegen. Dieses bewegt sich – so wird sich zeigen – im Spannungsfeld von Pragmatismus und Gehormsamsreligiosität.[5]

II.

Wie lässt sich der Kontext beschreiben, in dem Ramadan agiert? Wie sind die allgemeinen Bedingungen beschaffen für jemanden, der sich gegenwärtig im Westen zum Islam bekennt? Für das Verständnis nicht nur von Ramadan, sondern des gegenwärtigen Islam in Europa überhaupt ist es notwendig, sich bewusst zu machen, dass der Islam seit längerem in eine Krise geraten ist. Von grundlegender Bedeutung ist – darauf hat unlängst Oliver Roy hingewiesen[6] -, dass der Islam seine

---

[3] Ghadban, Ralph, *Tariq Ramadan und die Islamisierung Europas*, Berlin 2006, S. 25.

[4] Bezugspunkt der folgenden Überlegungen sind die zwei großen ins Deutsche übersetzten Büchern von Tariq Ramadan: *Der Islam und der Westen. Von der Konfrontation zum Dialog der Zivilisationen*, Marburg 2000. Und: *Muslimsein in Europa. Untersuchung der islamischen Quellen im europäischen Kontext*, Marburg 2001.

[5] Die im Folgenden präsentierten Überlegungen beruhen auf einer schon länger währenden Auseinandersetzung des Verfassers mit dem Werk von Tariq Ramadan. Sie hat bereits in zwei Aufsätzen ihren Niederschlag gefunden. Aus diesen Aufsätzen werden hier einige Stränge wieder aufgegriffen, weiter geführt und ergänzt oder auch neu miteinander verbunden. (Siehe Twardella, Johannes, *Der Euro-Islam des islamischen Intellektuellen Tariq Ramadan*, in Franzmann, Manuel, Gärtner, Christel und Nicole Köck (Hg.), *Religiosität in der säkularisierten Welt. Theoretische und empirische Beiträge zur Säkularisierungsdebatte in der Religionssoziologie*, Wiesbaden 2006, S. 321-332. Und: Ders., *Tariq Ramadan - liberaler Erneuerer des Islam oder fundamentalistischer Denker?*, in: Augustin, Christian, Johannes Wienand und Christiane Winkler (Hg.), *Religiöser Pluralismus und Toleranz in Europa* (im Druck.)

[6] Roy, Oliver, *Der islamische Weg nach Westen. Globalisierung, Entwurzelung und*

88

„gesellschaftliche Autorität" verloren hat. Er hat die Kraft einer Tradition, die wie selbstverständlich gilt und mittels allgemein anerkannter
Verfahren überliefert wird, eingebüßt. Das bedeutet nichts anderes, als
dass das religiöse Bekenntnis in dem Sinne individuell geworden ist,
dass es auf einer dezidierten Entscheidung des Individuums beruht.[7]
Beides hat zur Folge, dass in dieser Krise bzw. durch sie hindurch der
Islam neu erschaffen werden muss. So kommt es zu einer Transformation und Modernisierung des Islam. Dieser Transformationsprozess
verläuft Roy zufolge in eine bestimmte Richtung: Da der Prozess der
Erneuerung des Islam – zumindest was den Islam im Westen betrifft –
im Zusammenhang mit Migrationsprozessen steht, kommt es zu einer
„Entterritorialisierung" des Islam und damit zu einer Trennung von
Religion und Kultur. Traditionell hatte der Islam stets einer regionale
Prägung, war er verbunden mit der je spezifischen Kultur eines Landes bzw. einer Region. Diese kulturelle Amalgamierung löst sich auf,
es kommt zu einer „Autonomisierung der Religion" und es entsteht
ein „reiner" Islam.[8]
In dieser Situation tritt nun Ramadan auf, meldet sich zu Wort mit
einem eigenen Versuch den Islam den gewandelten Verhältnissen
entsprechend neu zu formulieren. Er sieht sich gewissermaßen als
Protagonist des von Roy beschriebenen Transformationsprozesses, als
jemand, der in der Situation der Krise den Islam neu erschafft, so
„vordenkt" und artikuliert, dass sich Muslime unter den veränderten
Bedingungen zu ihm bekennen und ihn praktizieren können. Soziologisch gesehen stellt sich hier an erster Stelle die Frage, wie Ramadan

---

Radikalisierung, München 2006.

[7] Vgl. Twardella, Johannes:, *Moderner Islam. Fallstudien zur islamischen Religiosität
in Deutschland*, Hildesheim 2004.

[8] Beispiele dafür finden sich in dem Buch des Verfassers. (Siehe Fn 7) Die Muslime,
deren Interviews in diesem Buch interpretiert werden, sind insofern typisch für die
oben beschriebene Entwicklung, als sie zu einer Gemeinde gehören, die die Trennung
von Religion und Kultur systematisch vollzogen hat: Es ist keine türkische, pakistani-
sche ... Gemeinde, der die Interviewpartner angehören, sondern eine solche, in der
junge Erwachsene, deren Familien aus verschiedenen Ländern stammen, eine neue
Art von Gemeinschaft bilden. Diese Gemeinde ist "fortschrittlich" in dem Sinne, dass
ihre Mitglieder den avanciertesten Stand islamischer Religiosität verkörpern, eben
einen Islam, der – wie Roy es beschreibt – als "reiner" Islam gedacht wird.

das macht, genauer gesagt, wie es ihm gelingt, Gefolgschaft für seinen Islam zu gewinnen. Max Weber hat das Modell der Gefolgschaftsbildung exemplarisch an der Prophetie des antiken Judentums entwickelt: In einer Krisensituation wendet sich der Prophet an eine Zuhörerschaft mit einer Botschaft, die einen Ausweg aus der Krise bieten soll. Das Mittel, mit dem er Gefolgschaft findet, bezeichnet Weber als „Charisma". Nun gilt auch von Ramadan, dass er in einer Krise einen Ausweg aufzuweisen versucht, doch ist er freilich kein Prophet. Was aber ist er dann? Und worauf stützt er sich im Prozess der Gefolgschaftsbildung? Insofern er sich fundiert und reflektiert zu religiösen Fragen äußert, wäre es naheliegend, ihn als einen Geistlichen zu sehen. Das würde bedeuten, dass er als Träger eines Amtes von seinen Adressaten Gefolgschaft erwarten kann. Er wäre qua Amt legitimiert, den Islam neu zu denken. Ghadban zitiert in seiner Studie eine Reihe von Geistlichen, die die religiöse Autorität von Ramadan energisch in Frage stellen. In ihren Augen besitzt Ramadan vor allem deswegen nicht die Autorität, wie sie mit einem Amt verbunden ist, und sind seine Aussagen deswegen auch nicht maßgeblich, weil er keine religiöse Ausbildung genossen hat. Ghadban aber berücksichtigt nicht hinreichend, dass Ramadan faktisch dennoch Autorität besitzt, genauer gesagt, Ghadban stellt nicht die Frage, aus welcher anderen Quelle sich Ramadans Autorität speist. Es ist nämlich keineswegs verwunderlich, dass viele Geistliche sich von Ramadan distanzieren, stellt er doch eine Konkurrenz zu ihnen dar - nicht nur als einzelne Person, sondern vor allem insofern er ein alternatives Modell der Legitimation religiöser Autorität verkörpert. Um welches Modell handelt es sich aber?

M.E. geschieht die Gefolgschaftsbildung bei Ramadan dergestalt, dass er eine Position besetzt, die wesentlich für moderne Gesellschaften ist: die Position des Intellektuellen. Diese ist gebunden an die Voraussetzung des Bestehens einer autonomen Öffentlichkeit.[9] Dabei ist aber zu

---

[9] Siehe hierzu Oevermann, Ulrich, *Der Intellektuelle – Soziologische Strukturbestimmung des Komplementär von Öffentlichkeit*, in: Franzmann, Andreas, Sascha Liebermann und Jörg Tykwer (Hg.), *Die Macht des Geistes. Soziologische Fallanalysen zum Strukturtyp des Intellektuellen*, Frankfurt/M. 2001, S. 13-75. Zur Problematik des Intellektuellen in islamischen Gesellschaften siehe Twardella, Johannes, *Die "Macht des Geistes" und die "Macht der Politik" in islamischen Gesellschaften*, in: *Erwägen Wissen Ethik*, Heft 1, 2006, S. 74 ff.

beachten, dass Ramadan die Position des Intellektuellen in der Öffentlichkeit zwar eingenommen hat, aber nicht in der bisherigen Weise wahrnimmt: Ramadan artikuliert zwar stellvertretend eine Krise, jedoch folgt er dabei nicht allein der Logik des besseren Arguments, vielmehr stellt er sich und seine Argumentation in den Dienst seiner Religion. Entsprechend wendet er sich auch nicht an die allgemeine Öffentlichkeit, sondern an die partikulare Gemeinschaft der Muslime, genauer gesagt, an die zweite und dritte Generation muslimischer Migranten in Europa. Sie sind die primären Adressaten seiner „Botschaft", für sie formuliert er den Islam neu, für sie versucht er eine neue Identität zu konstruieren. Diese Muslime zeichnet aus, dass sie vollständig in modernen Gesellschaften sozialisiert und mit dem Problem konfrontiert sind, dass sie, wenn sie sich nicht einfach an die Mehrheitsgesellschaft assimilieren, sondern eine eigene religiöse Identität besitzen bzw. wahren wollen, schwerlich an die Erfahrungen ihrer Eltern anknüpfen können, sondern eigenständig eine neue religiöse Identität entwerfen müssen. Dieses Problem stellvertretend für die junge Generation zu lösen ist Ramadan angetreten.

III.

Das Denken von Ramadan ist deswegen so schwer einzuordnen, seine Person so schillernd und die Auseinandersetzung mit ihm so instruktiv, weil sich in ihm – so meine These – zwei Haltungen spannungsvoll miteinander verbinden, die letztlich auf Lesarten des Koran zurückgeführt werden können bzw. im Koran bereits angelegt sind: zum einen eine pragmatische Einstellung sowohl zur Religion als auch zur Welt, zum anderen dasjenige, was ich als „Gehorsamsreligiosität" bezeichnen möchte.[10] Im Folgenden soll diese These in mehreren Schritten dargelegt und begründet werden: Zunächst soll auf Ramadans Diagnose der Krise der westlichen Welt eingegangen werden, im zweiten Schritt wird sodann seine „dialektische Methode" der Vermittlung von religiösen Forderungen und gesellschaftlicher Wirklichkeit behandelt. Im dritten Schritt wird seine Revision der Gegenüber-

---

[10] Siehe hierzu Twardella, Johannes., *Autonomie, Gehorsam und Bewährung im Koran. Ein soziologischer Beitrag zum Religionsvergleich*, Hildesheim 1999.

stellung von „dar al-islam" („Gebiet des Glaubens") und „dar al-harb" („Gebiet des Unglaubens") thematisiert und schließlich wird gezeigt, wie im Denken Ramadans sich eine radikalisierte Gehorsams-religiosität manifestiert.

Die Art, wie Ramadan den Westen sieht, wie er die Krise der Moderne beschreibt, ist wenig originell, da sie in vielem mit dem überein-stimmt, was aus der philosophischen Kulturkritik sowie dem die Moderne kritisch reflektierenden Diskurs der Sozialwissenschaften bekannt ist: Aus der Sicht von Ramadan ist die westliche Moderne in eine Krise geraten, da sich die gesellschaftlichen Teilbereiche – vor allen Dingen das kapitalistische Wirtschaftssystem – völlig verselbst-ständigt haben, nur noch ihrer eigenen Logik folgen und den Zweck, für den sie eigentlich da sind – ein sinnvolles und menschenwürdiges Leben zu ermöglichen -, nicht mehr erfüllen. Die Verselbstständigung der gesellschaftlichen Teilbereiche geht für Ramadan letztlich auf den Prozess der Säkularisierung zurück, auf das Schwinden der Religion in der westlichen Welt. Dieses hat zur Folge, dass eine übergeordnete Ausrichtung der Gesellschaft, die Orientierung der gesellschaftlichen Teilbereiche an außer bzw. über ihnen liegenden Zielen nicht mehr gegeben und das Leben in den westlichen Gesellschaften völlig sinn-los geworden ist. Alles wird nur noch von der "Logik der Produktivi-tät und des Konsums"[11] beherrscht. Der Prozess der Säkularisierung ist aus der Sicht von Ramadan aber ein kulturspezifisches Phänomen: Zu ihm kam es im Westen, weil die Kirche in der Geschichte des christlichen Abendlandes eine große Macht besaß und die Politik sich dieser erwehren, sich aus der Umklammerung durch die Kirche be-freien musste. Daraus sei die "Neutralität des [öffentlichen, J.T.] Raumes"[12] (172), die "Vorherrschaft einer atheistischen Ideologie"[13] (172) und die Abdrängung der Religion in die Privatsphäre zu erklä-ren. Im Islam habe es jedoch eine vergleichbare Institution wie die Kirche nicht gegeben, habe sich die Politik nicht gegenüber einer sol-

---

[11] Ramadan, Tariq, *Muslimsein in Europa. Untersuchung der islamischen Quellen im europäischen Kontext*, Marburg 2001, S. 172.

[12] Ebda.

[13] Ebda.

chen Macht behaupten müssen und sei deswegen auch ein Prozess der Säkularisierung nicht notwendig gewesen. Der Islam sei nach wie vor die Quelle allen Sinns. Mit Bezug auf ihn könne der gesellschaftlichen Entwicklung wieder ein Ziel gesetzt werden.

Ramadan wendet sich also keineswegs grundsätzlich gegen die Moderne, im Gegenteil: Die Moderne hält er für eine Errungenschaft der Menschheit, die es zu bewahren gelte. Diese müsse (und könne) jedoch als abstraktes Modell losgelöst werden von der partikularen Geschichte des Westens. Die aus dieser Geschichte hervorgegangene "Ideologie des Modernismus" müsse überwunden werden. Mit Hilfe des Islam, so die Vorstellung von Ramadan, könne die Moderne neu belebt werden, die Geschichte wieder einen Sinn bekommen und das Leben der Menschen wieder menschenwürdig werden.

Zu Ramadans Krisendiagnose seien zwei Dinge bemerkt: Zum einen wird mit Bezug auf sie verständlich, warum Ramadan für nicht wenige Menschen interessant ist, die dem Islam fern stehen und keine Muslime sind. Die kritische Einstellung gegenüber der Moderne stößt z.B. bei Globalisierungsgegnern, bei kritischen Christen etc. auf offene Ohren und kann sogar zu Formen gemeinsamen Handelns führen. Zum anderen bietet diese Krisendiagnose vielen Muslimen die Möglichkeit, eine innerliche Distanz zum Westen und seiner Kultur einzunehmen bzw. eine schon bestehende innere Distanz zu rechtfertigen. Diese innere Distanz kann mehr oder weniger stark ausgeprägt sein: Sie kann sich in einer einfachen Ablehnung der westlichen Kultur erschöpfen oder so tief reichen, dass sie sich mit einer mystischen Frömmigkeit verbindet (wie es bei Ramadan selbst der Fall zu sein scheint.) Entscheidend ist jedenfalls, dass trotz dieser innerlichen Distanz die westlichen Gesellschaften nicht dergestalt abgelehnt werden müssen, dass ein Leben in ihnen unmöglich wäre. Im Gegenteil, auch wer die Ramadansche Diagnose teilt und den Westen innerlich ablehnt, kann dennoch bedenkenlos in ihm leben, denn es besteht ja die Möglichkeit, dass dereinst die Moderne im Geiste des Islam erneuert wird.

IV.

Wie interpretiert Ramadan den Islam? Was bedeutet es aus seiner Sicht, Muslim zu sein? Ramadan setzt sich in seinen Büchern intensiv mit den zentralen heiligen Schriften des Islam – dem Koran und den Hadithen[14] – sowie mit bestimmten Traditionen der Geschichte des Islam auseinander. Auf seine Interpretationen im Einzelnen einzugehen ist an dieser Stelle nicht notwendig. Entscheidend ist jedoch sich die wesentlichen hermeneutischen Prinzipien von Ramadan klar zu machen.

Wesentlich ist zum einen die Differenz, die Ramadan im Hinblick auf den Koran und die Hadithe macht: Er unterscheidet zwischen einem „Rahmen", an dem hermeneutisch nicht gerüttelt werden darf, der fest steht, und der Füllung dieses Rahmens. Was alles zu dem „Rahmen" gehört, wird allerdings nicht genauer gesagt, es heißt nur, die meisten Dinge könnten gedeutet werden. Und hier kommt nun das zweite – und wichtigere – hermeneutische Prinzip zum Tragen: dasjenige der dialektischen Vermittlung von Text und Kontext. Da der Koran und die Hadithe in großen Teilen nicht wörtlich genommen werden müssen, sondern metaphorisch, d.h. „dem Geiste nach" interpretiert werden können, ist es möglich, ja, geboten, auf die aktuellen gesellschaftlichen Bedingungen, unter denen die Muslime heute leben, einzugehen, sie zu berücksichtigen und auf diesem Wege pragmatische Antworten auf konkrete Handlungsprobleme der Gegenwart zu entwickeln.[15] Die Hermeneutik Ramadans, die eine dialektische Vermittlung der Vorgaben, wie sie im Koran und den Hadithen enthalten sind, mit den aktuellen Bedingungen der westlichen Gesellschaften fordert,

---

[14] Der Koran und die Hadithe weisen, so Ramadan, dem Menschen einen Weg, der ihnen auf der einen Seite einen Schutz biete (den Schutz vor einem sündhaften Leben), der auf der anderen Seite aber auch einen Maßstab darstelle, an dem das Leben des einzelnen Menschen schließlich geprüft werde. Dieser Weg sei der Weg der Scharia.

[15] Das Instrument, das dafür zur Verfügung steht, ist der Idschtihad, die „persönliche Anstrengung" (*Muslimsein in Europa. Untersuchung der islamischen Quellen im europäischen Kontext*, Marburg 2001, S. 113) der Rechtsgelehrten. Der Idschtihad bedeutet die Anwendung legitimer Methoden der Ableitung (insbesondere des Analogieschlusses.)

hat so letztlich einen pragmatischen Umgang mit eben diesen Bedingungen zur Folge. Ramadan verlangt also keineswegs eine rigide Befolgung religiöser Gebote - was eventuell zu gravierenden Problemen für die Muslime in westlichen Gesellschaften führen könnte -, sondern einen flexiblen und pragmatischen Umgang mit diesen.[16]

Wurde zuvor festgehalten, dass den Gläubigen Ramadans Krisendiagnose eine innere Distanz zu den Verhältnissen in der westlichen Welt ermöglicht, ohne dass damit die Pflicht verbunden wäre, gegen diese Verhältnisse zu revoltieren, so kann nun ergänzt und konkretisiert werden, dass Ramadan den Islam so interpretiert, dass zum einen die innerliche Distanz natürlich religiös begründet wird – die Distanz ist die des Gläubigen -, zum anderen aber sich keine konkreten Verpflichtungen aus dem religiösen Bekenntnis ergeben: Die Muslime sollen – das ist das Entscheidende für Ramadan - ihrem Glauben treu bleiben und dazu werden sie in die Lage versetzt, indem ihnen ein pragmatischer Umgang mit den religiösen Geboten sowie mit den Verhältnissen, in denen sie leben, anempfohlen wird.

V.

Trotz eines großen argumentativen Aufwands bleiben die Ergebnisse, zu denen Ramadan gelangt, letztlich sehr allgemein. Etwas konkreter werden sie, wenn eine weitere Überlegung Ramadans mit berücksichtigt wird. Im islamischen Recht findet sich die bekannte Gegenüberstellung von „dar al-islam" („Gebiet des Glaubens") und „dar al-harb" („Gebiet des Unglaubens"). Diese Gegenüberstellung ist insofern problematisch, als zum einen „dar al-harb" auch mit „Haus des Krieges" übersetzt werden kann und zum anderen die Anzahl der Muslime im Westen, also außerhalb des „dar al-islam", enorm gestiegen ist. Ramadan zufolge ist diese Gegenüberstellung überholt - und da sie nicht aus dem Koran oder den Hadithen stammt, sondern, so sein Ar-

---

[16] Da die gesellschaftlichen Verhältnisse heute hoch komplex geworden sind, plädiert Ramadan sogar dafür, dass die Geistlichen nicht allein, sondern gemeinsam mit Experten, die Spezialwissen über die jeweilige Situation in bestimmten gesellschaftlichen Teilbereichen besitzen, in Räten oder Foren Lösungsvorschläge für aktuelle Probleme "im Geiste des Islam" erarbeiten.

gument, angesichts einer spezifischen historischen Situation von islamischen Rechtsgelehrten entworfen worden ist, kann sie durch ein neues Modell ersetzt werden. Als Alternative schlägt Ramadan die Unterscheidung zwischen „Zentrum" und „Peripherie" vor. Das Zentrum ist für ihn aber erstaunlicher Weise nicht die islamische Welt, sondern der Westen, von dem aus gesehen die islamische Welt in der Peripherie liegt.

Diese neue Sicht auf die westliche Welt aus der Perspektive des islamischen Rechts ist insofern interessant, als sie sich - zum einen - deckt mit der Wahrnehmung bzw. der Begrifflichkeit von Anhängern der Dritte-Welt-Bewegung und von Globalisierungskritikern, die dem Islam fern stehen. Zum anderen hat sie Konsequenzen für jene Muslime, die ihr Leben in der westlichen Welt vor dem Hintergrund des islamischen Rechts sehen wollen. Denn im Zusammenhang mit dieser Neuinterpretation steht die Frage, inwiefern die Gesetze, die in der westlichen Welt, dem „Zentrum" der Welt, gelten, für die Muslime, die dort leben, verbindlich sind. Ramadan zufolge ist hier vom Standpunkt des islamischen Rechts aus gesehen entscheidend, dass die Herkunftsländer des „dar al-islam", aus denen die im Westen lebenden Muslime stammen, Verträge mit jenen Staaten geschlossen haben, in denen diese Muslime nun leben. Weil solche Verträge bestehen, verlange die Religion von jedem im Westen lebenden Muslim "eine feste und redliche Loyalität zu seinem [Aufenthalts-, J.T.] Land"[17]. Hinzu komme, so Ramadan, dass die Verfassungen und Gesetze der europäischen bzw. westlichen Gesellschaften den Muslimen durchaus ermöglichen, an ihrer Religion festzuhalten. Sollte es dennoch einmal zu Konflikten zwischen den Gesetzen des Landes und den Forderungen des Islam kommen - z.B. wenn ein westliches Land einen Krieg beginnt, der ungerecht ist, wenn sich also die Frage stellt, ob der Kriegsdienst verweigert werden muss -, dann sollen sich die Muslime um Rechtsgutachten von Seiten der Ulama, der islamischen Geistlichkeit, bemühen. Deren Aufgabe sei es dann, diese Fragen zu klären.[18]

---

[17] Ebda., S. 211.

[18] Die Muslime werden von Ramadan nicht nur dazu aufgefordert, die rechtlichen Verhältnisse in den europäischen Ländern anzuerkennen. Sondern sie sollen auch, so

In diesem Zusammenhang ist noch auf einen weiteren Punkt einzugehen, auf etwas konkretere Aussagen Ramadans zu der Frage, was es
praktisch heißt, Muslim im Westen zu sein. Die Muslime haben natürlich nicht nur die vier praktischen „Säulen des Islam" zu befolgen – zu
beten, zu fasten, Almosen zu spenden und nach Mekka zu pilgern -,
sondern auch "Zeugnis" abzulegen. Und dies gilt insbesondere auch
für die Muslime im Westen. Dieser, der Westen wird deswegen von
Ramadan auch als "dar asch-schahada"[19], als das „Gebiet der Bezeu-
gung" bzw. das „Haus des Rufes zu Gott"[20] bezeichnet. Und was heißt
es, wenn Ramadan erklärt, die Muslimen sollten Zeugnis ablegen?
Das Zeugnis für den Islam besteht Ramadan zufolge nicht einfach
darin, dass ein Muslim sein Bekenntnis öffentlich macht, vielmehr
versteht Ramadan es als ein praktisches Engagement, das indirekt auf
den Glauben zurückverweist. Und dieses praktische Engagement der
Muslime hat im Dienste bestimmter Werte, einer bestimmten Moral
zu stehen. Der zentrale Wert ist für Ramadan derjenige der Gerechtigkeit. Für diese sollen die Muslime sich engagieren, genauer gesagt, für
soziale Gerechtigkeit. Sie sollen sich auf die Seite derjenigen stellen,
die ungerecht behandelt werden, auf die Seite der Arbeitslosen, der
Ausgegrenzten etc., und mit diesen solidarisch sein.

VI.

Die pragmatische Haltung, so hatte ich oben behauptet, ist bei Ramadan verbunden mit dem Motiv des Gehorsams. Beide Aspekte lassen
sich bereits im Koran nachweisen: Der Pragmatismus zeigt sich im
Koran z.B. an der großen Flexibilität im Umgang mit religiösen Normen.[21] Und an diesen Pragmatismus knüpft Ramadan an, ja, er radika-

---

Ramadan, die Rolle des Bürgers annehmen, sollen gute Staatsbürger sein und über das
politische System ihres Landes Bescheid wissen. Ist dies nicht der Fall, sollten sie
staatsbügerkundlich unterrichtet werden.

[19] Ebda., S. 185.

[20] Ebda., S. 177.

[21] Z.B. im Hinblick auf die Anzahl der Gebete. Sie variiert stark und erst mit der Zeit

lisiert ihn geradezu - er erhebt den Pragmatismus zu einem allgemein gültigen Prinzip. Und das Motiv des Gehorsams steht im Koran vor allem im Zusammenhang mit dem, was ich die „Glaubwürdigkeits-problematik" genannt habe[22]: Im Koran taucht das Problem, dass der Prophet Mohammed in irgendeiner Weise plausibel machen muss, warum seine Adressaten ihm Gefolgschaft leisten sollen, permanent auf, ist von der ersten bis zur letzten Seite präsent. Und es lassen sich verschiedene Strategien finden, dieses Problem zu lösen. Eine dieser Strategien besteht darin, die Gehorsamspflicht der Menschen hervor-zuheben und Zweifel an der Botschaft des Propheten gewissermaßen zu "verbieten". Diese "Strategie" wurde von verschiedenen Denkern in der Geschichte des Islam wieder aufgegriffen und zwar m.e. immer dann, wenn die Umma, die islamische Gemeinschaft in eine (politi-sche) Krise geraten ist. Das Problem der Glaubwürdigkeit tritt dann erneut auf, wird wieder akut und um es zu lösen wird dann auf diese im Koran bereits zu findende Strategie zurückgegriffen.

Bei Ramadan zeigt sich dies im Zusammenhang mit seiner Gegen-überstellung des Islam und der jüdisch-christlichen Religionstradition bzw. dem Versuch den Prozess der Säkularisierung auf tiefer gehende Weise zu erklären. Den Unterschied zwischen dem Islam und dem Judentum (sowie dem Christentum) expliziert Ramadan (u.a.) mit Bezug auf die Figur Abrahams, die sowohl in der Bibel als auch im Koran auftaucht. Ins Zentrum seines Vergleichs stellt er die Geschich-te von der Opferung Isaaks, genauer gesagt, die Szene, in der Abra-ham sich mit seinem Sohn auf dem Weg zur Opferstätte befindet. In beiden Schriften, im Koran und in der Bibel, wendet sich Isaak in dieser Situation an seinen Vater. In der Bibel will er wissen, wo denn das Opfer sei, das erbracht werden soll. Dass Abraham ihm ver-schweigt den Befehl von Gott erhalten zu haben eben ihn, seinen Sohn, zu opfern und er willens ist diesen Befehl auszuführen, ist für Ramadan insofern „tragisch", als Abraham mit seinem Wissen und seinem Gehorsam allein bleibt, in einer "unendlichen Einsamkeit"[23].

---

hat eine Festlegung auf die Zahl 5 stattgefunden.

[22] Siehe Twardella, Johannes, *Autonomie, Gehorsam und Bewährung im Koran. Ein soziologischer Beitrag zum Religionsvergleich*, Hildesheim 1999.

[23] Ramadan, Tariq, *Der Islam und der Westen. Von der Konfrontation zum Dialog der*

Er muss die Frage, ob es richtig oder falsch ist, Gott zu gehorchen, allein beantworten, quält sich in seinem Glauben und mit seinen Zweifeln. Diese innere Zerrissenheit des Gläubigen ist gemäß der Interpretation von Ramadan typisch für die jüdisch-christliche Religionstradition, ist ein Indiz für die Spannung, die in dieser zwischen dem Heiligen und dem Profanen, zwischen dem Göttlichen und den Menschen besteht. Diese Spannung führe zu Zweifeln, könne vom Glauben wegführen und sei deswegen letztlich die Ursache für den Säkularisierungsprozess im Westen.

VII.

Im Koran aber wird die Geschichte von Abraham und Isaak ganz anders erzählt. Im Koran teilt Abraham Isaak auf dessen Frage hin seine Absicht mit. Er sagt zu ihm:

> "Mein lieber Sohn, ich habe im Traum gesehen, dass ich
> dich schlachte. Nun, was meinst du dazu?" (Sure 37,
> Vers 102)[24]

Schon durch diese Frage ist die Einsamkeit Abrahams durchbrochen. Doch dabei bleibt es nicht: Abraham wird durch seinen Sohn sodann explizit in seinem Glauben gestärkt, denn dieser antwortet:

> "Mein Vater, tu, wie dir befohlen, du sollst mich, so Gott
> will, standhaft sehen." (Sure 37, Vers 102)[25]

Vater und Sohn unterstützen sich gegenseitig in ihrem Glauben, genauer gesagt, in ihrer Bereitschaft gehorsam zu sein, gehorsam bis in den Tod. Die „tragische Erfahrung" [26], dass der Gläubige in seiner Einsamkeit zu zweifeln beginnt, womöglich sündig wird und folglich der Erlösung bedarf, diese Erfahrung kann es im Islam, so Ramadan, nicht geben. Im Islam gebe es keine Spannung zwischen dem Heiligen und dem Profanen, zu Zweifeln könne es hier nicht kommen.

Zivilisationen, Marburg 2000, S. 255.

[24] Ebda., S. 258.

[25] Ebda., S. 258.

[26] Ebda., S. 257.

Verallgemeinernd erklärt Ramadan sodann, die abendländische Kultur sei eine "Kultur der Kritik und des Zweifels"[27]. Im Islam hingegen sieht Ramadan eine „Welt der Erinnerung"[28]. Der Glaube beruhe auf der Erinnerung, weil es der koranischen Anthropologie zufolge eine "natürliche Veranlagung, mit der Gott die Menschen erschaffen hat (Sure 30, 30)"[29] gibt, "ein natürliches Streben zu Gott"[30], das mit der Vorstellung eines Ur-Bundes verknüpft ist: Mit jedem Menschen hat Gott, bevor dieser eigenständig zu denken begonnen hat, einen Bund geschlossen, der Glaube ist von Geburt an in jedem Menschen angelegt. Durch Gottes "Zeichen" wird der Mensch sodann immer wieder an diesen Bund "erinnert": durch die Zeichen der Natur und - vor allem - durch die Zeichen der Offenbarung. Die Offenbarungen - und damit ist nicht nur der Koran, sondern sind auch die Thora und die Evangelien gemeint - werden (wie schon im Koran) als „Erinnerung" begriffen. Und da die Menschen immer wieder Gott vergessen, waren mehrere Offenbarungen notwendig, ist eine auf die andere gefolgt (bis der Offenbarungsprozess mit Mohammed, dem "Siegel der Propheten"[31] abgeschlossen wurde.) Wenn man von diesen Prämissen ausgeht, so ist klar, dass es einen totalen Abfall von Gott gar nicht geben kann - die religiöse Veranlagung bleibt immer bestehen. Säkularisierungsprozesse, die in die völlige Gottlosigkeit führen, können gar nicht stattfinden - man kann nur Gott "vergessen". Vor dem Hintergrund dieser Überlegungen deutet Ramadan auch die Verweltlichung vieler Menschen, die einen islamischen Hintergrund haben: Sie haben letztlich ihren Glauben nie verloren und das "islamische Erwachen" beruht entsprechend darauf, dass die Muslime sich wieder an ihren Glauben, an Gott erinnern.

---

[27] Ebda., S. 265.

[28] Ebda., S. 272.

[29] Ebda., S. 270.

[30] Ebda., S. 271.

[31] Sure 33, Vers 40.

Wenn festgestellt wurde, dass im Denken von Ramadans das Motiv des Gehorsams eine herausgehobene Rolle spielt, und dieses Motiv impliziert, dass es Zweifel nicht geben darf, dann darf daraus nicht der Schluss gezogen werden, dass der Islam grundsätzlich keine Zweifel kenne. Das trifft keineswegs zu. Eine genaue Lektüre des Koran zeigt, dass nicht nur schon bei den ersten Empfängern der Offenbarung Zweifel aufgetreten sind, sondern sogar beim Propheten Mohammed selbst. Und erst recht ist es aller Wahrscheinlichkeit nach so, dass Muslime in der Gegenwart zahlreichen „Anfechtungen" im Glauben ausgesetzt sind und sich nicht selten die Frage stellen, ob denn der Islam die richtige Religion ist und ob sie sich (weiterhin) zu ihm bekennen sollen. Die alltäglichen "Versuchungen", denen viele Muslime wohl ausgesetzt sind, können zu schweren inneren Konflikten führen. Solche "Prüfungen" resultieren letztlich daraus, dass die Anforderungen der Religion bzw. das religiöse Bewährungsmodell die Lebenspraxis so sehr einschränkt, dass es zu solchen inneren Konflikten kommt. Das Problem ist, dass solche Zweifel und inneren Konflikte auf der Ebene des Deutungsmusters – zumindest bei Ramadan - nicht vorgesehen sind. Denn zum einen ist es fraglich, ob es aus seiner Sicht überhaupt zu solchen Konflikten kommen kann, da ja die religiösen Normen stets den gesellschaftlichen Bedingungen angepasst werden sollen. Zum anderen „darf" es sie nach Ramadan nicht geben. Denn Zweifel sind Ramadan zufolge etwas Westliches, wer sie hegt, der ist, so muss man wohl schlussfolgern, bereits der Kultur des Westens verfallen. Hat der Gläubige jedoch wirklich zum Islam gefunden, so kennt er keine Zweifel mehr.

VIII.

Wie lässt sich das Gesagte zusammenfassen? Zunächst wurde erklärt, dass Ramadan bei seinem Versuch Gefolgschaft zu gewinnen nach einem anderen, neuen Modell der Legitimation religiöser Autorität handelt, welches in Konkurrenz zu dem traditionellen Modell des Amtscharismas steht: nach dem des Intellektuellen. Es wurde jedoch einschränkend darauf verwiesen, dass Ramadan nicht wirklich dem Typus des Intellektuellen entspricht, da er sich nicht an die allgemeine Öffentlichkeit wendet, sondern primär an eine muslimische Öffentlichkeit, und zudem seine Argumente im Dienste der Religion stehen, sein Auftreten also nicht als Räsonement in der Logik des besseren Argumentes begriffen werden kann. Sein Ziel ist dabei der Entwurf einer neuen islamischen Identität, die es den Muslimen erlaubt, selbstbewusst ihren Platz in den Gesellschaften des Westens einzunehmen und das Leben in diesen Gesellschaften mitzugestalten.

Im Hinblick auf Ramadans Denken wurde zunächst auf seine Kritik am Westen eingegangen, die es dem Gläubigen erlaubt, sowohl eine innere Distanz zum Westen einzunehmen bzw. zu wahren als auch bedenkenlos innerhalb westlicher Gesellschaften zu leben. Der Umgang mit den religiösen Quellen, den Ramadan propagiert, seine „dialektische Methode" läuft – so wurde behauptet - auf einen pragmatischen Umgang sowohl mit diesen Quellen als auch mit den gegebenen Verhältnissen, in denen die Muslime leben, hinaus. Dieses Vorgehen ermögliche es den Muslimen in diesen Verhältnissen dem Islam treu zu bleiben.

Der Pragmatismus Ramadans macht den Islam freilich ungeheuer geschmeidig: Die dialektische Methode bedeutet, das alle Begebenheiten, die in der westlichen Welt oder anderswo existieren, akzeptiert werden können - von ihnen muss pragmatisch ausgegangen werden. Der Pragmatismus bedeutet aber nicht, dass das Ideal, die Orientierung an der globalen Geltung der Scharia aufgegeben wird. So kann Ramadan auf der einen Seite sehr liberal argumentieren und auf der anderen Seite an seinen Zielvorstellungen festhalten.

Die Auseinandersetzung mit seiner Kulturtheorie hat gezeigt, dass es Ramadan letztlich um die Alternative zwischen einer säkularen Kultur auf der einen Seite, die auf dem Individualismus und der Vorstellung des sich emanzipierenden Subjekts beruht, und einer Kultur des Gehorsams auf der anderen Seite geht.

Dass beide Dimensionen - der Pragmatismus und die Gehorsamspflicht - radikalisiert und gleichzeitig miteinander verbunden werden, macht Ramadans Position schwer greifbar und bedingt, dass er in der Öffentlichkeit so unterschiedlich gesehen wird - von den einen als liberaler Erneuerer des Islam, als Hoffnungsträger eines europäischen Islam, und von den anderen als gefährlicher Fundamentalist.

Welche Konsequenzen könnte es haben – so lässt sich abschließend fragen -, wenn jemand Ramadan Gefolgschaft leistet und sein Deutungsmuster weitgehend übernimmt? Zwei Entwicklungen sind m.E. denkbar: Zum einen ist es möglich, dass das Engagement für eine gerechte Welt zu einer zunehmenden Integration in die Gesellschaft führt und die innerliche Distanz, die spirituelle Dimension der Religiosität allmählich verloren geht. Das würde bedeuten, dass sich das religiöse Bewährungsmodell in ein innerweltliches transformiert. Das Denken von Ramadan, seine „Protestantisierung" des Islam würde so in einen Säkularisierungsprozess münden. Zum anderen ist es aber auch denkbar, dass der „lange Atem" verloren geht und die pragmatische Haltung mit der Zeit aufgegeben wird. Dann bleibt allein die abstrakte Gehorsamsreligiösität und es könnte eine Radikalisierung eintreten, die auf eine unmittelbare Herbeiführung von jenen Verhältnissen drängt, die den islamischen Vorstellungen bzw. der Scharia entsprechen.

Religion ohne "innere Umkehr". Rosenzweigs Überlegungen zum Islam

I.

Die Diskussion über das Verständnis der Religion des Islam wird seit einiger Zeit lebhaft geführt. Vor kurzem ist ein Buch erschienen, das der Herausgeberin Gesine Palmer zufolge diese Diskussion weiter anregen und bereichern könnte: Schriften von Franz Rosenzweig zum Islam.[1] Es sind Briefe, Aufsätze, Notizen und Teile aus seinem Hauptwerk "Der Stern der Erlösung"[2], die in einem Band versammelt sind und von der intensiven Auseinandersetzung Rosenzweigs mit dem Islam zeugen. Können diese Texte, die in der Zeit zwischen 1910 und 1927 geschrieben wurden und die aus der Feder eines Philosophen stammen, der sich ab dem 27. Lebensjahr dezidiert zum Judentum bekannte,[3] jene Funktion erfüllen, welche die Herausgeberin ihnen zugedacht hat, können sie tatsächlich einen Beitrag zur gegenwärtigen Diskussion über den Islam leisten?

Die Antwort auf diese Frage hängt freilich wesentlich davon ab, wie diese Texte gelesen werden. Eine mögliche Lesart - diejenige, die sich geradezu aufdrängt - besteht darin, nach den Konstruktionsprinzipien zu fragen, die Rosenzweigs Sicht auf den Islam zugrunde liegen. Diese Prinzipien sind wesentlich durch seine Auseinandersetzung mit der Philosophie Hegels bestimmt. Mit Bezug auf jene Passagen aus dem "Stern der Erlösung", die sich mit dem Islam beschäftigen, hat Shlo-

---

1 Rosenzweig, Franz, *"Innerlich bleibt die Welt eine."* *Ausgewählte Schriften zum Islam*, Berlin Wien 2003.

2 Rosenzweig, Franz, *Der Stern der Erlösung*, Frankfurt/M 1993.

3 Einen kurzen Überblick über Leben und Werk von Rosenzweig bietet Hans-Christoph Askani. Siehe: Askani, Hans-Christoph, *Franz Rosenzweig*, in: *Metzler Philosophen Lexikon. Von den Vorsokratikern bis zu den Neuen Philosophen*, Stuttgart Weimar 1995, S. 750 ff.

mo Pines vor einiger Zeit untersucht, inwiefern Rosenzweig sich auf der einen Seite an Hegels Argumentation anlehnt, auf der anderen Seite aber Hegel auch deutlich kritisiert.[4] In der Architektonik der Hegelschen Religionsphilosophie steht das Christentum an der Spitze als die absolute Religion, die dem Begriff der Religion, wie ihn Hegel versteht, völlig entspricht. Diesem untergeordnet seien bei Hegel, so Pines, sowohl das Judentum als auch der Islam als "Religionen der Erhabenheit". In dem religionsphilosophischen System Rosenzweigs hingegen sei das Judentum auf eine Ebene mit dem Christentum gestellt worden, beide stünden hier an der Spitze der Hierarchie und der Islam werde diesen auf einer anderen, untergeordneten Ebene gegenübergestellt. Rosenzweig distanziere sich auf diese Weise vor allem von Hegels Sicht des Judentums, die Sicht auf den Isalm habe er hingegen weitgehend von Hegel übernommen.[5] Diese Feststellungen von Pines lassen stark daran zweifeln, dass Rosenzweigs Texte tatsächlich als Beitrag zur Diskussion über den Islam gelesen werden können. Werden sie dem Islam überhaupt in irgendeiner Weise gerecht? Auf diese Frage ist Matthias Lehmann in einem Aufsatz in der Zeitschrift "Jewish Studies Quarterly" eingegangen.[6] Allerdings besteht sein primäres Anliegen darin, zu zeigen, dass sich Rosenzweigs Sicht des Islam konsequent aus den Voraussetzungen seines eigenen philosophischen Systems ergibt. In diesem geht es Rosenzweig, wie gesagt, in erster Linie um das Judentum und das Christentum. Ihr Verhältnis zueinander zu bestimmen ist sein Anliegen. Der Islam taucht allenfalls am Rande des "Systems" auf und scheint dort immer nur dem Zweck

---

4 Pines, Shlomo, *Der Islam im "Stern der Erlösung". Eine Untersuchung zu Tendenzen und Quellen Franz Rosenzweigs*, in: *Hebräische Beiträge zur Wissenschaft des Judentums*, Jg. III-V, 1987-89, S. 138-148. Pines zufolge ist Rosenzweig in seiner Sicht des Islam nicht nur durch Hegel, sondern auch durch den Orientalisten Ignaz Goldziher beeinflusst.

5 Siehe auch: Schwartz, Yossef, *Die entfremdete Nähe. Rosenzweigs Blick auf den Islam*, in: Rosenzweig, Franz, *"Innerlich bleibt die Welt eine." Ausgewählte Schriften zum Islam*, Berlin Wien 2003, S. 111-147.

6 Lehmann, Matthias, *Franz Rosenzweigs Kritik des Islam im "Stern der Erlösung"*, in: *Jewish Studies Quarterly*, Vol. I (1993/1994), Heft 4, S. 340-361.

zu dienen eine Negativfolie zu bieten. In Abgrenzung zu ihm konstituiert sich bei Rosenzweig die Einheit von Judentum und Christentum, treten die Gemeinsamkeiten zwischen diesen beiden Religionen deutlich hervor. Er scheint hier in geradezu klassischer Weise den Islam als "das Andere" zu konstruieren - damit er sich des "Eigenen" um so besser vergewissern kann. Das abschließende Urteil, zu dem Lehmann in seinem Aufsatz gelangt, ist jedoch trotz allem erwähnenswert: Rosenzweigs Ausführungen zum Islam seien, so sein Fazit, durchaus ernst zu nehmen. Allerdings ließen sie sich nur auf den orthodoxen Islam beziehen. Da es aber noch etliche andere Richtungen im Islam gebe, sei Rosenzweig dem Islam letztlich doch nicht gerecht geworden.

Die bisherigen philologischen und philosophischen Forschungen zu Rosenzweigs Bild vom Islam lassen also keine klaren, eindeutigen Schlussfolgerungen auf die eingangs gestellte Frage zu. Genauer gesagt haben sie deutlich gemacht, dass Rosenzweigs Texte auf der einen Seite zwar stark theoretisch inspiriert sind, auf der anderen Seite aber dennoch - wenn auch mit Einschränkungen - als Beiträge zum Verständnis des Islam gelesen werden können. Im Folgenden soll diese Möglichkeit genauer geprüft, soll in der detaillierten Auseinandersetzung mit den Ausführungen Rosenzweigs präzisiert werden, wie diese gelesen werden müssen, damit sie tatsächlich als ernsthafter Beitrag zur Diskussion über den Islam verstanden werden können. Dafür ist es notwendig zu klären, wo ihre Schwächen liegen und was tatsächlich an ihnen plausibel ist. Es wird sich zeigen, dass, wenn man von den Schwächen, die schnell deutlich werden, absieht, Rosenzweigs Überlegungen durchaus erhellend sind und einen kritischen Blick auf den Islam freigeben.

II.

Zunächst ist die Frage zu klären, in welchem Sinne Rosenzweigs Überlegungen sich auf den Islam beziehen lassen bzw. was mit "dem Islam" gemeint ist, den zu verstehen sie helfen sollen. Gegenwärtig herrscht in der wissenschaftlichen (und zum Teil auch in der öffentlichen) Diskussion die Meinung vor, dass es "den Islam" im Singular gar nicht gebe. Man könne nur über jeweils konkrete Ausprägungen des Islam reden. Auf welche Ausprägung des Islam sollen nun die

Überlegungen Rosenzweigs bezogen werden? Auszuschließen ist, dass sie als Explikation des Selbstverständnisses von Muslimen zu verstehen sind (was die Herausgeberin zumindest nicht für unmöglich hält.[7]) Diesem Selbstverständnis widersprechen sie deutlich - gerade heute.[8] M.E. besteht neben der von Lehmann aufgewiesenen Möglichkeit, Rosenzweigs Ausführungen in Bezug zur Geschichte der islamischen Theologie zu setzen und diese zum Maßstab ihrer Bewertung zu machen, auch die Möglichkeit, sie unmittelbar auf den Koran bzw. auf das in ihm kodifizierte Dogma zu beziehen. Hätte er, Rosenzweig, den Koran hermeneutisch ausgelegt, so wäre er vermutlich zu ähnlichen, jedoch anders abgeleiteten Ergebnissen gekommen.

Das Problem, die Schwierigkeit ist nun, dass sich in Rosenzweigs Überlegungen Verschiedenes mischt, nämlich Polemik, theologische sowie philosophische Spekulation und den Gegenstand tatsächlich aufschließende Erkenntnis. Will man zu letzterer vorstoßen, müssen diese verschiedenen Dimensionen möglichst sauber und klar voneinander getrennt werden. Am einfachsten ist es m.E., die Dimension der Polemik herauszupräparieren. Sie tritt immer dann in aller Deutlichkeit hervor, wenn Rosenzweig den Islam mit dem Heidentum in Zusammenhang bringt. So bezeichnet Rosenzweig an einer Stelle etwa den Islam als "heidnische Reaktion" (41). Was meint er damit? Das Heidentum sei aus Rosenzweigs Sicht, so Gesine Palmer, durch den Dualismus von Vorder- und Hinterwelt, der sinnlich wahrnehmbaren Wirklichkeit und der Welt der Götter, die unvermittelt neben- bzw. hintereinander bestehen, gekennzeichnet. Nachdem das Judentum und das Christentum diesen Dualismus überwunden und beide Welten

---

7 Siehe die "Einleitung" von Gesine Palmer in: Rosenzweig, Franz, *"Innerlich bleibt die Welt eine." Ausgewählte Schriften zum Islam*, Berlin Wien 2003, S. 31.

8 Dafür, diese Behauptung genauer zu begründen, ist hier nicht der angemessene Ort. Verwiesen sei auf eine Studie des Verfassers, welche die Komplexität des Selbstbildes eines fundamentalistischen jungen Mannes zu rekonstruieren versucht. Siehe: Twardella, Johannes, *Fundamentalismus als Produkt des Traditionsbruches. Fallrekonstruktion eines Typus islamischer Religiosität in Deutschland*, in: Ders., *Moderner Islam. Fallstudien zur islamischen Religiosität in Deutschland*, Hildesheim 2004, S. 65-99.

dialektisch miteinander verbunden hätten, würden diese im Islam wieder auseinander fallen, tauche der Dualismus hier wieder auf. Deswegen betrachte Rosenzweig den Islam als einen Rückfall ins Heidentum. Die Verwendung des Begriffs "Rückfall" zeigt, dass Rosenzweig hier durch ein geschichtsphilosophisches Denken - durch dasjenige Hegels - geprägt ist, demzufolge die Religionen als Ausdruck eines Entwicklungsprozesses gedeutet werden können, der einer aufsteigenden Linie folgt.[9] Und der Begriff des "Heidentums" ist freilich zutiefst polemisch, werden mit ihm doch - vom Standpunkt des Monotheismus aus - polytheistische Kulte bezeichnet. Der Islam aber versteht sich ganz im Gegensatz dazu vielmehr als Rückkehr zum wahren, einzig konsequenten Monotheismus.

III.

Sieht man von der polemischen Dimension in Rosenzweigs Ausführungen ab, welches Bild vom Islam lässt sich dann ihnen entnehmen? Der folgende zentrale Gedanke kann den Erläuterungen zu Rosenzweigs Bild vom Islam zugrunde gelegt werden: "Im Dialog zwischen Gott, dem Menschen und der Welt manifestiert sich deren Beziehungsformen: die Offenbarung, die Schöpfung und die Erlösung."[10] Die Eigenart der Begrifflichkeit des Islam erklärt Rosenzweig mit der Generalthese, der Islam habe - zur Zeit seiner Entstehung - die beiden anderen monotheistischen Religionen, das Judentum und das Christentum, bereits vorgefunden und von diesen seine Begriffe übernommen. Das Entscheidende ist nun die Art und Weise, mit der der Islam diese Begriffe "entlehnte": Der Islam habe, so Rosenzweig, die zentralen Begriffe "Schöpfung", "Offenbarung" und "Erlösung" dergestalt dem Judentum und dem Christentum entnommen, dass sie aus ihrem Zusammenhang gelöst, sie isoliert und quasi "verdinglicht" wurden. Vorher standen die Begriffe in einem Zusammenhang, für den bei Rosenzweig die Formulierung von der "inneren Umkehr" steht. Die

---

9 Siehe: Hegel, Georg Wilhelm Friedrich, *Vorlesungen über die Philosophie der Religion*, Frankfurt/M. 1986.

10 Zitiert nach: www.dhm.de/lemo/html/biographien/RosenzweigFranz

verschiedenen Begriffe sind, so Rosenzweigs Überzeugung, im Judentum und Christentum dialektisch miteinander verbunden. Im Islam hingegen bleibt zwar die Reihenfolge bestehen, folgen Schöpfung, Offenbarung und Erlösung zeitlich aufeinander, doch gehen sie nicht jeweils auseinander hervor. So geht etwa die Offenbarung nicht dergestalt aus der Schöpfung hervor, dass sie diese zum einen negiert und zum anderen erneuert.

Wie ist diese grundlegende These von Rosenzweig zu beurteilen? Es ist klar, dass sie der Binnenperspektive der Religion des Islam nicht entspricht. Der Binnenperspektive zufolge stammen die Begriffe, ja, stammt die gesamte Offenbarung von Gott - und nicht von anderen, früheren Religionen. Von außen betrachtet - und die wissenschaftliche Perspektive ist eine Perspektive von außen (auch wenn sie die Binnenperspektive mit berücksichtigen kann) - bedarf es aber einer Erklärung für die Entstehung des Islam und für seine Besonderheiten, seine besondere Struktur. Rosenzweigs These ist wissenschaftlich gesehen nun keineswegs abwegig: Natürlich baut der Islam auf den beiden anderen monotheistischen Religionen auf, verwendet deren Begrifflichkeit und bringt diese in einen neuen Zusammenhang. Doch bleibt Rosenzweigs Entlehnungsthese rein philologisch, lässt andere Fragen - z.B. die nach den Ursachen für die Entstehung des Islam - völlig unberührt und unbeantwortet: Warum ist der Islam als eine neue Religion gestiftet worden? Warum geschah dies auf der arabischen Halbinsel, warum zu Beginn des 7. Jahrhunderts und warum ausgerechnet durch Mohammed? Und auch die These von der undialektischen, allein das Prinzip der zeitlichen Reihenfolge berücksichtigenden Neukombination der Begriffe befriedigt nicht. Zwar ist ohne Frage richtig, dass der Zusammenhang, in dem die Begriffe im Judentum und im Christentum standen, im Islam verloren gegangen ist und hier ein anderer Zusammenhang zwischen den Begriffen besteht. Die Logik der Neukombination, die eigenartige Struktur des islamischen Dogmas, wie es im Koran niedergelegt ist, ist jedoch nicht hinreichend bestimmt. Und zudem fehlt eine Antwort auf die Frage, warum der Islam die "entlehnten" Begriffe in diese als "undialektisch" beschriebene Struktur gebracht hat. Warum diese Struktur und nicht eine andere? Stattdessen steht bei Rosenzweig am Ende eine nicht mehr wissenschaftliche, sondern normative, abwertende Beurteilung des Islam: Dieser ist für ihn ein "weltgeschichtliches Plagiat" (82). Was als philologische These noch eine gewisse Plausibilität besaß, gleitet ab in ein diskreditierendes Urteil.[11]

IV.

Verfolgen wir weiter, wie Rosenzweig argumentiert. Bezeichnend für sein Vorgehen ist es nun, dass er stets auf zwei Ebenen argumentiert: Da ist zum einen die Ebene abstrakter, theoretischer Überlegungen. Auf dieser Ebene werden Begriffe expliziert und theoretische Probleme erörtert. Davon zu unterscheiden ist die Ebene der Konkretion, der konkreten Beispiele für die allgemeinen Überlegungen[12] Die Differenz zwischen den beiden Ebenen, der Ebene des Begriffs und der Ebene der historischen Konkretion, zeigt sich zum Beispiel, wenn Rosenzweig das erste Mal im Rahmen des "Sterns der Erlösung" auf den Islam zu sprechen kommt. Gegenstand seiner Ausführungen ist dort der Begriff von Gott - man könnte auch sagen: die Frage der "Gotteskonzeption" -, fokussiert vor allem auf den Aspekt "Gott als Schöpfer". Hier entfaltet Rosenzweig nämlich zunächst rein theoretisch den Gegensatz zwischen der Vorstellung, Gott handle als Schöpfer vollkommen frei, und derjenigen, er sei in seinem Handeln eingeschränkt oder sogar determiniert. Entsprechend wird der Akt der Schöpfung entweder als "Willkürakt" (78) oder als "ein Muss" vorgestellt. Die Vorstellung von der Schöpfung als einem Akt reiner Willkür hat logisch eine radikale Asymmetrie zur Folge: Die Schöpfung ist absolut abhängig von Gott, ihrem Schöpfer, dieser ist aber seinerseits vollkommen unabhängig von der Schöpfung - er kann sie so oder auch anders ins Leben rufen, oder sich auch gar nicht als Schöpfer betätigen. Aber auch die gegenteilige Vorstellung, die Vorstellung von der

---

11 Auf dem Weg über eine hermeneutische Auslegung des Koran hat der Verfasser die oben genannten Fragen systematisch zu beantworten versucht. Siehe: Twardella, Johannes, *Autonomie, Gehorsam und Bewährung im Koran. Ein soziologischer Beitrag zum Religionsvergleich*, Hildesheim 1999.

12 Diese Unterscheidung geht freilich auch auf den Einfluss Hegels zurück. Für Hegels Philosophie ist die Dichotomie zwischen der Ebene des Begriffs und derjenigen der Erscheinungen, der historischen Konkretion, charakteristisch, ja, konstitutiv.

Schöpfung als einem "Muss" ist nicht unproblematisch: Wenn, wie diese Vorstellung logisch impliziert, Gott aus einer inneren Notwendigkeit heraus schöpferisch tätig wird, so hat dies zur Folge, dass sein Geschöpf, die Welt, keine Eigenständigkeit gewinnen kann - sie bleibt immer Ausdruck dieser im Innern des Schöpfers liegenden Notwendigkeit.

Im Anschluss an diese rein abstrakten Überlegungen stellt Rosenzweig dann den Bezug zur Wirklichkeit, zu den drei monotheistischen Religionen her: Im Judentum und Christentum seien beide Vorstellungen - die Vorstellung von der Schöpfung als einem "Willkürakt" und der von einem "Muss" - dialektisch miteinander verwoben. Der Islam habe sie dann aus seinen Vorgängerreligionen herausgelöst, voneinander isoliert übernommen, so dass sie nun bei ihm unvermittelt nebeneinander stehen.

Mit dem Gottesbegriff bzw. der Vorstellung von Gott als dem Schöpfer der Welt hängt zusammen, wie das dauerhafte Verhältnis zwischen Gott und der Welt gedacht wird. Dass die Schöpfung ein einmaliger Akt ist und im Anschluss an sie die Welt völlig losgelöst und unbeeinflusst von Gott existiert, ist ausgeschlossen: In allen monotheistischen Religionen greift Gott in das weltliche Geschehen ein. In welcher Art geschieht dies? Hier kann unterschieden werden zwischen konkreten historischen Akten des einen Gottes und dem allgemeinen Weltverhältnis Gottes. Für letzteres steht im Islam der Begriff der Vorsehung. Rosenzweig behauptet nun, dieser Begriff werde auf zwei unterschiedliche Weisen im Islam verstanden: Zum einen gebe es die Vorstellung vom "kismet" - alles, was im irdischen Leben passiert, ist von Anfang an durch Gott festgelegt. Zum anderen werde die Vorsehung Gottes aber auch so verstanden, dass dieser in jedem Moment alles neu erschafft. Diese Vorstellung sei zu der "Lehre der herrschenden orthodoxen Philosophie" (85) geworden. Um sie zu deuten, um ihre Implikationen deutlich zu machen, kontrastiert Rosenzweig eine "besondere" und eine "allgemeine Vorsehung". Mit "besonderer Vorsehung" meint Rosenzweig, dass Gott in jedem Moment alles vollkommen neu erschafft. "Allgemeine Vorsehung" bedeutet hingegen, dass nicht alles immer wieder grundsätzlich neu erschaffen, sondern nur erneuert wird. Diese Differenz zwischen Erschaffen und Erneuern sei sehr wichtig, da im einen Fall der Zusammenhang der Schöpfung erhalten bleibt, im anderen jedoch dieser Zusammenhang zerstört werde.

Die permanente Neuerschaffung der Welt impliziert, dass ein vollständiger Bruch zwischen der Welt zum Zeitpunkt t und der Welt zum Zeitpunkt t+1 besteht. Vorsehung heißt dann, die Welt zerfällt in der zeitlichen Dimension in eine Aufeinanderfolge voneinander isolierter, atomisierter Welten. Aus der Welt zum Zeitpunkt t ergibt sich keine Verbindlichkeit für die Welt zum Zeitpunkt t+1. Dass sich etwas "in der Schöpfung wesentlich Angelegtes" (85) mit der Zeit erfüllt, ist hier nicht vorgesehen.

Rosenzweig spitzt nun seine Überlegungen dergestalt zu, dass er behauptet, der Islam gleite an dieser Stelle tendenziell in den Polytheismus ab, denn es entstehe nun ein Konflikt zwischen verschiedenen Göttern bzw. Aspekten der Gotteskonzeption: Gott als "Weltherrscher" (86), dessen Macht sich darin erweist, dass er die Welt permanent neu erschafft, gerate in Konflikt mit dem Schöpfergott, der - so muss hier unterstellt werden - ein Interesse daran hat, dass sein Geschöpf (zumindest für einen gewissen Zeitraum) erhalten bleibt. Diese Zuspitzung ist deutlich polemisch, versteht sich der Islam doch, wie bereits gesagt, emphatisch als Religion, die den Polytheismus überwunden hat und sich - zum Teil sogar aggressiv - gegen den Polytheismus wendet.

V.

Im Zusammenhang mit dem Verhältnis zwischen Gott und Welt ist freilich von besonderer Bedeutung, dass Gott sich den Menschen offenbart. Für Rosenzweig ist Offenbarung Ausdruck der Liebe Gottes. Entsprechend geht er bei der Behandlung des spezifisch islamischen Konzepts von Offenbarung von der Liebe Gottes aus, leitet dessen Eigenarten von der Liebe ab, die seiner Meinung nach für Allah charakteristisch ist. Vorweg unterscheidet er abstrakt zwischen einer Liebe, die partikular ist, und einer solchen, die sich auf alles bezieht. Letztere stellt sich nicht ereignishaft ein, beruht vielmehr auf einer allgemeinen Einstellung, ist nicht auf den konkreten Augenblick bezogen, nicht reine Gegenwart, sondern, so Rosenzweig, Vergangenheit. Die universelle Liebe ist konstant, während die partikulare Liebe sich ändern, schwächer oder stärker sowie auch blind sein kann. Sie kann sich bis zur "selbstverleugnenden Leidenschaft" (88) steigern und auch dann bestehen, wenn das Gegenüber Schwäche zeigt oder Mängel aufweist.

Daraus, dass die Liebe Gottes im Islam nicht auf Partikulares bezogen, sondern eine "Allliebe" (88) sei, leitet Rosenzweig nun die Besonderheiten des islamischen Konzepts von Offenbarung ab: Weil Gott alle Menschen liebt, hat er sich auch allen Menschen offenbart. Deswegen beginnt die Offenbarungsgeschichte im Islam bereits mit Adam, dem ersten Menschen. Und die Offenbarung erging nicht nur an ein Volk, sondern an alle Völker - ein jedes Volk hat dem Islam zufolge einen Propheten bekommen. Dem Universalismus der Liebe würde widersprechen, wenn die Offenbarung jeweils eine andere wäre und einige Völker womöglich bevorteilt würden. Deswegen ist die Offenbarung im Islam inhaltlich gesehen immer dieselbe. Das Offenbarungsgeschehen ist, so kann man zusammenfassend sagen, kein lebendiger Prozesse, Offenbarung ist im Islam vielmehr eine "frei hingesetzte Gabe" (89). Hier zeigt sich für Rosenzweig erneut, dass der Islam Begriffe und Vorstellungen verdinglicht, denn letztlich läuft diese Vorstellung von Gottes Liebe, dieses Konzept von Offenbarung darauf hinaus, dass Gott den Menschen eben ein Ding gibt, ein "gegenständliches Geschenk" (88), nämlich ein Buch: den Koran.

VI.

Wie wird das Verhältnis des Menschen zu Gott im Islam Rosenzweig zufolge gedacht? Was soll der Mensch tun, wie soll er sich Gott gegenüber verhalten? Rosenzweig geht an dieser Stelle zunächst auf das Wort "Islam" ein. Aus seiner Übersetzung als "Sich-Gott-Ergeben" leitet er zweierlei ab: Zum einen hebt er hervor, dass dieses "Sich-Gott-Ergeben" als eine Tat - und nicht als ein Zustand - zu begreifen sei. Wäre "Islam" ein Zustand, wäre er zu verstehen als ein "Gott-Ergeben-Sein", so wäre dieser Zustand das Wesentliche und eine Tat nur insofern von Bedeutung, als durch sie deutlich wird, dass der Gläubige sich in diesem Zustand befindet. Im Islam sei aber das Handeln entscheidend - und freilich reiche es nicht aus, nur einmal eine Tat zu vollbringen, vielmehr müsse dies immer wieder geschehen und da der Wert einer Tat von dem Maß der Gottergebung abhänge, eine Tat also um so besser sei, je schwieriger sie ist, je mehr der Gläubige sich selbst, seine eigenen Interessen und Bedürfnisse verleugnet, sei die islamische Ethik letztlich eine "Ethik der Leistung" (91).

Zum anderen sieht Rosenzweig in dem "Sich-Gott-Ergeben" die einzige Tat der Freiheit im Islam. D.h. der Schritt in den Glauben, das grundlegende Bekenntnis zum Islam beruht auf einer freien Entscheidung - alle folgenden Taten allerdings sind Akte des Gehorsams. Der "Weg Allahs" (93) sei der Weg des Gläubigen im Gehorsam gegenüber Gott. Die Taten der Gläubigen könnten nur solche des Gehorsams sein, da positiv bestimmt sei, wie der "Weg Allahs" aussieht. Nur wenn - so lässt sich das Argument ergänzen - nicht vorgeschrieben wird, wie der Gläubige seine Religion zu praktizieren hat, bleibt der Gläubige frei - denn er muss dann selbst entscheiden, was gut und was böse ist.

Es zeigt sich an dieser Stelle deutlich, dass in der Argumentation von Rosenzweig der alte Gegensatz zwischen Innerlichkeit und äußerer Tat, zwischen Glauben und Gehorsam auftaucht, der seit Paulus für die Abgrenzung des Christentums vom Judentum entscheidend ist: Für das Christentum sei der Glaube, der innere Zustand des Gläubigen wesentlich, wohingegen das Judentum eine Gesetzesreligion sei, für deren Anhänger es ausreiche, wenn sie äußerlich durch Taten ihre Zugehörigkeit zur Religionsgemeinschaft bekennen, ohne dass eine innere Beteiligung notwendig ist. Es scheint so, als ob im Denken von Rosenzweig nun der Islam an die Stelle des Judentums gerückt worden sei.

Rosenzweigs Problem ist, dass er eine solche relativierende Deutung nicht entkräften kann, da seine Argumentation zu philosophisch, zu spekulativ und zu wenig textbezogen ist. Wäre er hermeneutisch vorgegangen und hätte geduldig den Koran interpretiert, so könnte er sich auf eine "empirische Basis" beziehen, über deren Auslegung konkret gestritten werden könnte - und dann würde sich zeigen, ob er im Recht ist oder ob seine Kritiker Recht haben.

VII.

Besonders interessant - aber auch besonders kompliziert - sind jene Ausführungen Rosenzweigs, in denen es um die Frage geht, welche (monotheistische) Religion der Moderne besonders nahe steht. Rosenzweigs These besagt, es gebe eine Analogie zwischen dem Islam und dem modernen Fortschrittsdenken. Er begründet dies mit dem Argument, dass beiden - dem Islam und dem modernen Fortschrittsdenken

- eine Vorstellung von Geschichte zugrunde liege, der zufolge Geschichte ein linearer Prozess ist, der tendenziell unendlich voranschreitet. Diese Vorstellung steht - was den Islam betrifft - in unmittelbarem Zusammenhang mit der Vorstellung von der Schöpfung: Wenn Gott alles in jedem Moment neu erschafft, steht alles in gleicher, unmittelbarer Nähe zu Gott. Was das moderne Denken betrifft, so ist hier an die Geschichtsphilosophie der Aufklärung, etwa an diejenige von Condorcet zu denken. Ihr zufolge entwickelt sich die Geschichte kontinuierlich zum Besseren hin. Der plötzliche Einbruch eines ganz Anderen, Unerwarteten ist hier nicht vorgesehen. Rosenzweig spielt jedoch auch auf den Historismus an, demzufolge - laut einer bekannten Formulierung von Ranke - alle Dinge gleichunmittelbar zu Gott sind. Die Geschichte wird nicht im Hinblick auf eine hinter ihr liegende Ebene befragt, sie wird nicht gedeutet als Ausdruck göttlichen Handelns oder als Beleg für ein geschichtsphilosophisches Konstrukt, sondern die Dinge werden als für sich stehende Daten genommen.

Rosenzweig verdeutlicht seine Überlegungen mit der Gegenüberstellung von "Unendlichkeit" und "Ewigkeit". Ewigkeit sei dadurch gegeben, dass Vergangenheit und Zukunft im Moment der Gegenwart, im Augenblick "zusammenschießen". Und dies geschieht dadurch, dass jeder Augenblick auf der einen Seite der letzte - der letzte der Vergangenheit - und auf der anderen Seite der erste der Zukunft sein kann. "Dass jeder Augenblick der letzte sein kann, macht ihn ewig." (86) Eine solche "Ewigkeit des Augenblicks" sei, so Rosenzweig, weder im islamischen noch im modernen Geschichtsbild denkbar. Hier gebe es hingegen die "Unendlichkeit", die Unendlichkeit des "immerzu". Zukunft sei hier, so spitzt er seinen Gedanken letztlich zu, "eine in unendliche Länge hingezogene, nach vorwärts projizierte Vergangenheit." (100)

VIII.

Die knappe Vergegenwärtigung von Rosenzweigs Überlegungen zum Islam hat gezeigt, wie problematisch diese sind - ihre polemische Dimension ist nicht zu übersehen -, dass sie aber nicht nur aus der Auseinandersetzung mit der Religionsphilosophie Hegels verständlich sind, sondern tatsächlich auch als ein eigenständiger Beitrag zur Diskussion über den Islam begriffen werden können. Die Grundthese, der Islam habe Begrifflichkeiten aus dem Judentum und dem Christentum "entlehnt" und in einen anderen, undialektischen Zusammenhang gebracht, wird zwar nicht der Autonomie der Religion des Islam gerecht und lässt die Frage offen, nach welcher Logik die Begriffe neu kombiniert wurden, ist jedoch - von einem wissenschaftlichen Standpunkt aus gesehen - nicht von der Hand zu weisen und wird in verschiedene Richtungen plausibel gemacht. Unklar bleibt jedoch Rosenzweigs methodisches Vorgehen. Weder hat er sich unmittelbar auf Primärtexte bezogen, die systematisch ausgewertet wurden, noch hat er konsequent Angaben zu den Quellen gemacht, auf die er sich bezieht. Seine Ausführungen bleiben deswegen recht spekulativ und sind kaum überprüfbar. Dennoch kann man davon ausgehen, dass, wenn er den Koran hermeneutisch interpretiert hätte, er zu ähnlichen Ergebnisse hätte gelangen können.

Nachweise

Gershom Scholem

a. Gershom Scholem: Wissenschaftler und Prophet, in: Aschkenas. Zeitschrift für Geschichte und Kultur der Juden, Heft 2, 2000, S. 513-523.
b. Soziologische Überlegungen zur jüdischen Mystik im Werk von Gershom Scholem, in: Zeitschrift für Religions- und Geistesgeschichte, Heft 1, 1998, S. 84-90.
c. Wissenschaft im Dienste der Erlösung (unveröffentlicht)

Nasr Hamid Abu Zaid

a. Der religiöse Diskurs und seine Mechanismen. Zur Studie von Abu Zaid über "Islam und Politik", in: asien afrika lateinamerika, Heft 1, 1998, S. 1-17.
b. Das Problem der Legitimation einer wissenschaftlichen Analyse des Koran, in: Die Welt des Islams, Heft 2, 1997, S. 249-251.

Hans Jonas

a. Biographische Wurzeln des "Prinzips Verantwortung". Zu den "Erinnerungen" von Hans Jonas,, in: Ästhetik und Kommunikation, Heft 126, 2004, S. 97-103.
b. Partikulares Bekenntnis und universalistischer Geltungsanspruch, in: Zeitschrift für Religions- und Geistesgeschichte, Heft 1, 2005, S. 94 f.

Tarik Ramadan

Pragmatismus und Gehorsam. Die „Erneuerung" des Islam im Werk von Tariq Ramadan (unveröffentlicht)

Anhang
Franz Rosenzweig

Religion ohne "innere Umkehr". Rosenzweigs Überlegungen zum Islam
(unveröffentlicht)

Literatur

- Abu Zaid, Nasr Hamid, *Islam und Politik. Kritik des religiösen Diskurses*, Frankfurt/M. 1996.
- Albert, Claudia, *Hans Jonas*, in: *Metzler Philosophen Lexikon. Von den Vorsokratikern bis zu den neuen Philosophen*, Stuttgart Weimar 1995, S. 431-435.
- Askani, Hans-Christoph, *Franz Rosenzweig*, in: *Metzler Philosophen Lexikon. Von den Vorsokratikern bis zu den Neuen Philosophen*, Stuttgart Weimar 1995, S. 750 ff.
- Avineri, Shlomo, *Profile des Zionismus. Die geistigen Ursprünge des Staates Israel. 17 Portraits*, Gütersloh 1998.
- Berger, Peter, *Der Zwang zur Häresie. Religion in der pluralistischen Gesellschaft*, Freiburg Basel Wien 1992.
- Dülmen, Richard von, *Protestantismus und Kapitalismus. Max Webers These im Licht der neueren Sozialgeschichte*, in: Gneuss, Christian und Jürgen Kocka (Hg.), *Max Weber. Ein Symposium*, München 1988, S. 88-101.
- Franzmann, Manuel, Gärtner, Christel und Nicole Köck (Hg.), *Religiosität in der säkularisierten Welt. Theoretische und empirische Beiträge zur Säkularisierungsdebatte in der Religionssoziologie*, Wiesbaden 2006.
- Fromm, Erich, *Das jüdische Gesetz. Zur Soziologie des Diaspora-Judentums*, Weinheim Basel 1989.
- Funkenstein, Amos, *Jüdische Geschichte und ihre Deutungen*, Frankfurt/M. 1995.
- Gellner, Ernest, *Leben im Islam. Religion als Gesellschaftsordnung*, Stuttgart 1985.
- Gethmann-Siefert, Annemarie, *Ethos und metaphysisches Erbe. Zu den Grundlagen von Hans Jonas' Ethik der Verantwortung*, in: Schnädelbach, Herbert und Geert Keil (Hg.), *Philosophie der Gegenwart - Gegenwart der Philosophie*, Hamburg 1993, S. 171-215.
- Ghadban, Ralph: *Tariq Ramadan und die Islamisierung Europas*, Berlin 2006.
- Goldziher, Ignaz, *Koranauslegung der islamischen Mystik*, in: ders., *Die Richtungen der islamischen Koranauslegung*, Leiden 1952, S. 180-262.

120

- Habermas, Jürgen, *Theorie des kommunikativen Handelns*, Bd. 1, *Handlungsrationalität und gesellschaftliche Rationalisierung*, Frankfurt/M. 1981.
- Ders., *In der Geschichte das Andere der Geschichte aufspüren. Zu Gershom Scholems "Sabbatai Zwi"*, in: *Babylon. Beiträge zur jüdischen Gegenwart*, Heft 10-11, S. 139-145.
- Hamacher, Elisabeth, *Gershom Scholem und die Allgemeine Religionsgeschichte*, Berlin New York 1999.
- Hegel, Georg Wilhelm Friedrich, *Vorlesungen über die Philosophie der Religion*, Frankfurt/M. 1986.
- Idel, Moshe, *Subversive Katalysatoren: Gnosis und Messianismus in Gershom Scholems Verständnis der jüdischen Mystik*, in: Schäfer, Peter und Gary Smith (Hg.), *Gershom Scholem. Zwischen den Disziplinen*, Frankfurt/M. 1995, S. 80-121.
- Jonas, Hans, *Gnosis. Die Botschaft des fremden Gottes*, Frankfurt/M. 1999.
- Ders., *Das Prinzip Verantwortung. Versuch einer Ethik für die technologische Zivilisation*, Frankfurt/M. 2003.
- Ders., *Erinnerungen, nach Gesprächen mit Rachel Salamander*, Frankfurt/M. 2003.
- Kermani, Navid, *Offenbarung als Kommunikation. Das Konzept wahy in Nasr Hamid Abu Zayds Mafhum an-nass*, Frankfurt/M. Berlin Bern New York Paris Wien 1996.
- Lehmann, Matthias, *Franz Rosenzweigs Kritik des Islam im "Stern der Erlösung"*, in: *Jewish Studies Quarterly*, Vol. I (1993/1994), Heft 4, S. 340-361.
- Luckmann, Thomas, *Das Problem der Religion in der modernen Gesellschaft. Institution, Person und Weltanschauung*, Freiburg o.J.
- Meyer, Michael, *Jüdische Identität in der Moderne*, Frankfurt/M. 1992.
- Oevermann, Ulrich, *Eugène Delacroix - biographische Konstellation und künstlerisches Handeln*, in: *Georg-Büchner-Jahrbuch*, Bd. 6, 1986/87, Tübingen 1990.
- Ders., *Ein Modell der Struktur von Religiosität. Zugleich ein Strukturmodell von Lebenspraxis und von sozialer Zeit*, in: M. Wohlrab-Sahr (Hg.), *Biographie und Religion. Zwischen Ritual und Selbstsuche*, Frankfurt/M New York 1995, S. 27-102.

- Ders., *Der Intellektuelle – Soziologische Strukturbestimmung des Komplementär von Öffentlichkeit*, in: Franzmann, Andreas, Sascha Liebermann und Jörg Tykwer (Hg.), *Die Macht des Geistes. Soziologische Fallanalysen zum Strukturtyp des Intellektuellen*, Frankfurt/M. 2001, S. 13-75.
- Palmer, Gesine, *Einleitung*, in: Rosenzweig, Franz, *"Innerlich bleibt die Welt eine." Ausgewählte Schriften zum Islam*, Berlin Wien 2003, S. 7-32.
- Peter, Frank, *Islamic Sermons, Religious Authority and the Individualization of Islam in France*, in: Franzmann, Manuel, Christel Gärtner und Nicole Köck (Hg.), *Religiosität in der säkularisierten Welt. Theoretische und empirische Beiträge zur Säkularisierungsdebatte in der Religionssoziologie*, Wiesbaden 2006, S. 303-319.
- Pines, Shlomo, *Der Islam im "Stern der Erlösung". Eine Untersuchung zu Tendenzen und Quellen Franz Rosenzweigs*, in: *Hebräische Beiträge zur Wissenschaft des Judentums*, Jg. III-V, 1987-89, S. 138-148.
- Ramadan, Tariq, *Der Islam und der Westen. Von der Konfrontation zum Dialog der Zivilisationen*, Marburg 2000.
- Ders., *Muslimsein in Europa. Untersuchung der islamischen Quellen im europäischen Kontext*, Marburg 2001.
- Rémond, Réné, *Religion und Gesellschaft in Europa. Von 1789 bis zur Gegenwart*, München 2000.
- Rosenzweig, Franz, *Der Stern der Erlösung*, Frankfurt/M 1993.
- Ders., *"Innerlich bleibt die Welt eine." Ausgewählte Schriften zum Islam*, Berlin Wien 2003.
- Roy, Oliver, *Der islamische Weg nach Westen. Globalisierung, Entwurzelung und Radikalisierung*, München 2006.
- Schäfer, Peter und Gary Smith (Hg.), *Gershom Scholem. Zwischen den Disziplinen*, Frankfurt/M. 1995.
- Schluchter, Wolfgang, *Das historische Erklärungsproblem: Die Rolle der Reformation im Übergang zur Moderne*, in: ders., *Die Entwicklung des okzidentalen Rationalismus. Eine Analyse von Max Webers Gesellschaftsgeschichte*, Tübingen 1979, S. 204-255.
- Ders., *Weltflüchtiges Erlösungsstreben und organische Sozialethik. Überlegungen zu Max Webers Analyse der indischen Kulturreligionen*, in: ders. (Hg.), *Max Webers Studie über Hinduismus und Buddhismus. Interpretation und Kritik*, Frankfurt/M. 1984, S. 37-40.

122

- Scholem, Gershom, *Die jüdische Mystik in ihren Hauptströmungen*, Frankfurt/M. 1980.
- Ders., *Zum Verständnis der messianischen Idee im Judentum*, in: ders., *Judaica I*, Frankfurt/M. 1986, S. 7-74.
- Ders., *Zehn unhistorische Sätze über Kabbala*, in: ders., *Judaica 3. Studien zur jüdischen Mystik*, Frankfurt/M. 1987, S. 264-271
- Ders.,, *Sabbatai Zwi. Der mystische Messias*, Frankfurt/M. 1992.
- Ders., *Judaica 5. Erlösung durch Sünde*, Frankfurt/M. 1992.
- Ders., *Briefe*, Bd. I, 1914-1947, München 1994.
- Ders., *Tagebücher nebst Aufsätzen und Entwürfen bis 1923*, 1. Halbband 1913-1917, Frankfurt/M. 1995.
- Ders., *Briefe*, Bd. II, 1948-1970, München 1995.
- Ders., *Von Berlin nach Jerusalem. Jugenderinnerungen*, Frankfurt/M. 1997.
- Ders.,, *Judaica 6. Die Wissenschaft vom Judentum*, Frankfurt/M. 1997.
- Schubert, Kurt, *Jüdische Geschichte*, München 1995.
- Schwartz, Yossef, *Die entfremdete Nähe. Rosenzweigs Blick auf den Islam*, in: *Rosenzweig, Franz, "Innerlich bleibt die Welt eine." Ausgewählte Schriften zum Islam*, Berlin Wien 2003, S. 111-147.
- Seyfarth, Constans, *Protestantismus und gesellschaftliche Entwicklung: Zur Reformulierung eines Problems*, in: Seyfarth, Constans und Walter, M. Sprondel (Hg.), *Religion und gesellschaftliche Entwicklung*, Frankfurt/M. 1974, S. 358-366.
- Sparr, Thomas, *"Ideologie und Utopie" als Motiv in der deutschjüdischen Wissenschaftsgeschichte*, in: DER MERKUR, Heft 555, (1995), S. 538-543.
- Sprondel, Walter M., *Sozialer Wandel, Ideen und Interessen: Systematisierungen zu Max Webers Protestantischer Ethik*, in: Seyfarth, Walter M. und Constans Sprondel (Hg.), *Religion und gesellschaftliche Entwicklung*, Frankfurt/M. 1974, S. 206-224.
- Twardella, Johannes, *Autonomie, Gehorsam und Bewährung im Koran. Ein soziologischer Beitrag zum Religionsvergleich*, Hildesheim 1999.
- Ders., *Der Islam in der Moderne - Ausprägungen und Entwicklungstendenzen*, in: Werkner, Ines-Jacqueline und Nina Leonhard (Hg.), *Aufschwung oder Niedergang? Religion und Glauben in Militär und*

Gesellschaft zu Beginn des 21. Jahrhunderts, Strausberg 2003, S. 189-206.

- Ders., *Moderner Islam. Fallstudien zur islamischen Religiosität in Deutschland*, Hildesheim 2004.

- Ders., *Der Euro-Islam des islamischen Intellektuellen Tariq Ramadan*, in Franzmann, Manuel, Gärtner, Christel und Nicole Köck (Hg.), *Religiosität in der säkularisierten Welt. Theoretische und empirische Beiträge zur Säkularisierungsdebatte in der Religionssoziologie*, Wiesbaden 2006, S. 321-332.

- Ders., *Die "Macht des Geistes" und die "Macht der Politik" in islamischen Gesellschaften*, in: *Erwägen Wissen Ethik*, Heft 1, 2006, S. 74 ff.

- Ders., *Tariq Ramadan - liberaler Erneuerer des Islam oder fundamentalistischer Denker?*, in: Augustin, Christian, Johannes Wienand und Christiane Winkler (Hg.), *Religiöser Pluralismus und Toleranz in Europa* (im Druck.)

- Weber, Max, *Die protestantische Ethik und der Geist des Kapitalismus*, in: ders., *Gesammelte Aufsätze zur Religionssoziologie I*, Tübingen 1988, S. 17-206.

- Weber, Max, *Das antike Judentum*, in: ders., *Gesammelte Aufsätze zur Religionssoziologie III*, Tübingen 1988.

- Wetz, Franz Josef, *Hans Jonas zur Einführung*, Hamburg 1994

- Wiese, Christian, *"Daß man zusammen Philosoph und Jude ist ..." Zur Dimension des Jüdischen in Hans Jonas' philosophischer Ethik der Bewahrung der "Schöpfung"*, in: Valentin, Joachim und Saskia Wendel (Hg.), *Jüdische Traditionen in der Philosophie des 20. Jahrhunderts*, Darmstadt 2000, S. 131-147.

- Ders., *Hans Jonas. >Zusammen Philosoph und Jude<*, Frankfurt/M. 2003.

- www.dhm.de/lemo/html/biographien/RosenzweigFranz